KB247867

신문기자가 본
암웨이의 참모습

요시다 오키츠구(吉田興亞) 지음
이윤보 감수

용안미디어

SHIMBUM KISHA GA MITA AMWAY NO SUGAO

Copyright ⓒ okitsugu yoshida 1997
Originally published in Japan in 1997 by NIHON KOGYO SHIMBUN CO.,LTD.
Korean translation rights arranged through TOHAN CORPORATION, Tokyo
Korean translation copyright ⓒ 1998 by **Yong-An Media**

판권본사
독점계약

신문기자가 본 암웨이의 참모습

지은이 · 요시다 오키츠쿠

감　수 · 이 윤 보

펴낸이 · 김 시 중

인쇄일 · 1999년 1월 18일

2판 발행 · 2002년 3월 4일

펴낸곳 · 도서출판 용안미디어

주소 · (135-081)서울시 강남구 역삼1동 696-25 영성빌딩 3층

전화 · 569-5024(대)

팩스 · 569-5009

등록 · 1994년 2월 25일 제16-1436호

가격 · 8,000원

ISBN 89-86151-44-8　02320

※ 잘못된 책은 바꿔 드립니다.

※ 이 책의 한국어판 번역권은 리처드 포의 저작권 관리를 위임받은 프리마 출판사와의 독점 계약으로
용안미디어에 있습니다. 저작권법에 의해 한국 내에서 보호받는 저작물이므로 법에서 정한 예외 이
외의 무단 전재나 복제, 광전자 매체의 수록 등을 금합니다.

신문기자가 본
암웨이의 참모습

요시다 오키츠구(吉田興亞) 지음
이윤보 감수

감수: 이윤보교수

이윤보 교수는 1979년 건국대학교 상경대학 경영학과와 1982년에 건국대학교 경영학과 대학원을 졸업하고, 일본 쯔꾸바대학 대학원 박사과정(학술박사, 경영학박사 Ph.D.)을 마쳤다. 그 후 일본 쯔꾸바대학에서 외국인 교수 자격으로 경영학을 강의한 바 있다. 그는 현재 한국 중소기업학회 이사, 한일경상학회 이사, 중소기업협동조합중앙회의 정책심의위원으로 활약하고 있으며 건국대학교 경영대학 경영학과 교수로 재직중이다. 저서로는 〈중소기업의 신인사전략〉등 다수가 있다.

암웨이 코퍼레이션(미국 미시건주 에이다) 정면 로비에 있는 제이 밴 앤델과 리치 디보스의 창업 이야기를 그린 거대한 벽화

암웨이 창업의 땅 그랜드 래피즈 시의 아름다운 정경. 교회가 많다.

정책위원회실에서 세계지도 앞에 선 제이 밴 앤델 회장(오른쪽)과 리치 디보스 사장(1996년 6월)

양가의 가족 10명으로 구성된 암웨이 폴리시 보드(정책위원회)

앞줄(착석자) 왼쪽부터
리치 디보스(창업자)
스티브 밴 앤델(회장)
딕 디보스(사장)
제이 밴 앤델(창업자)

뒷줄 왼쪽부터
디보스 밴 더 와이드
데이브 밴 앤델
덕 디보스
낸 밴 앤델
댄 디보스
밴 앤 델 가비

환경을 배려한 제품 검사에 몰
두하는 연구원

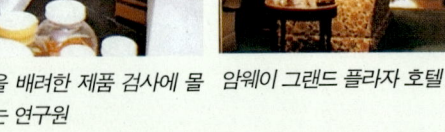

암웨이 그랜드 플라자 호텔

밴 앤델 기념관

더블 크라운 앰배서더 DD 달성을 축하하기 위해 참석한 리치 디보스(오른쪽)와 어깨를 감싸안고 식장 안의 박수에 답하는 나까지마 가오루(中島 薫)(1996년 9월 10일, 뉴욕의 라디오시티 뮤직홀에서)

루이스 부부

바니스 한센

샘 렌보그 대표

캘리파트리아 베타카로틴 배양지의 듀나리에라 해초를 증식하기 위한 수차형 각반기

신체장애인을 위해 모금활동을 펼치고 있는 이스터 실즈 재단. 암웨이는 이 협회를 전면 지원하고 있다.

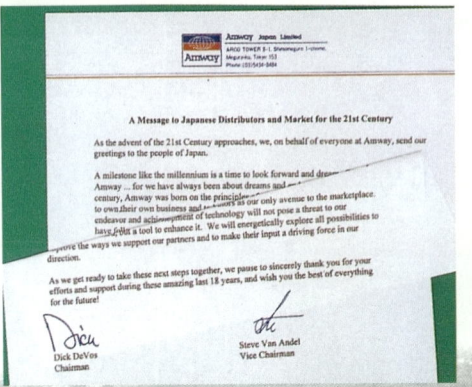

A Message to Japanese Distributors and Market for the 21st Century

스티브 밴 앤델과 딕 디보스가 일본 암웨이 디스트리뷰터에게 보낸 메시지

리처드 존슨 일본 암웨이 사장

'후지산 대청소 작전'. 일본 암웨이의 사원과 디스트리뷰터도 참가(1996년 8월)

에버 첸 암웨이 아시아 퍼시픽(AAP) 수석 부사장

중국 광주시에 있는 중국 암웨이 본사의 접수처

목차

제1장 제2세대의 리더

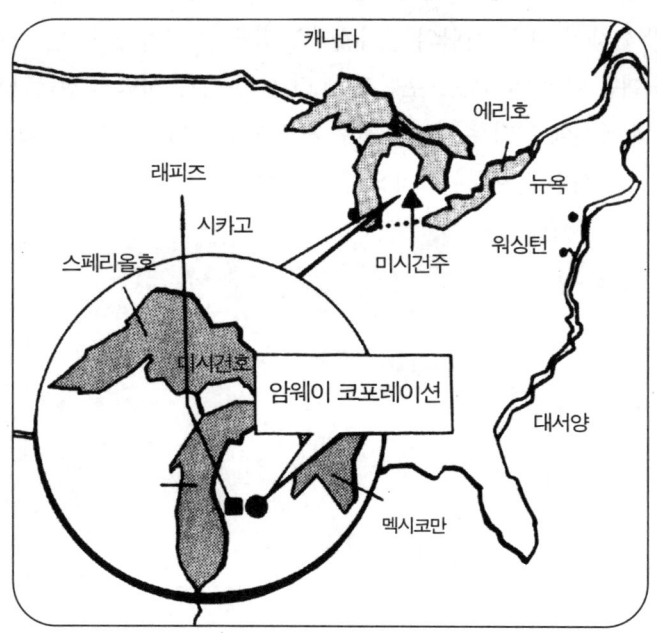

1959년 창업 이래 제이 밴 앤델, 리치 디보스라는 두 사람의 창업자가 전권을 장악해 온 암웨이는 1995년 9월 1일을 기하여 제2세대에게 경영권을 물려주었다. 리더가 된 사람은 밴 앤델가(家)의 장남인 스티브와 디보스가(家)의 장남인 딕 두 사람으로서 스티브는 회장에, 딕은 사장에 취임했다. 동시에 둘이서 구성한 'OCE(Office of Chief Executive:최고경영 책임자)'를 당일에 창설, 최고 경영기관인 정책위원회의 결정사항을 두사람이 실행하는 체제로 만들었다. 암웨이 비즈니스의 운명은 창업자의 손을 떠난 동시에 막 41세가 된 두 사람의 양어깨에 달리게 된 것이다. 두 번의 공동 인터뷰(딕과는 단독 인터뷰를 포함해 세 번)를 통해 두 사람의 경력과 인격을 소개함과 동시에 인터뷰 내용을 전부 게재한다. 또한 양가의 멤버 5명씩 총 10명으로 구성된 정책위원회의 역할도 검증한다.

세대 교체

서한

1995년 9월 1일. 이날은 다이렉트 셀링(무점포 직접판매) 방식으로 약진을 계속해 온 암웨이로서는 역사적인 날이었다. 두 사람의 창업자 제이 밴 앤델과 리치 디보스가 경영 일선에서 물러나고 제2세대에게 경영권을 이양한 날이기 때문이다.

회장에는 제이의 장남 스티브 밴 앤델, 사장에는 리치의 장남 딕 디보스가 취임했다. 세대교체와 동시에 신임 회장과 신임 사장으로 구성한 OCE가 신설되었다. 전세계에 퍼진 암웨이 비즈니스의 운명은 이날부터 두 사람의 2세 경영자의 손으로 옮겨진 것이다.

창업 이래 강력한 리더십과 절묘한 콤비로 암웨이를 세계 기업으로 육성시킨 두 사람의 창업자 대신에 암웨이의 얼굴이 된 젊은 스티브와 딕은 가까이 다가온 21세기를 향해 암웨이 비즈니스를 어떻게 이끌어 갈 것인가?

두 사람은 회장과 사장 취임에 즈음해 전세계 암웨이 사원들에게 연명으로 공개 서한을 보내 새로운 체제의 경영방침을 설명했다.

여기에는 두 사람이 암웨이 비즈니스를 지지해온 디스트리뷰터와의 파트너십을 최우선으로 한다는 방침이 재확인된 채 수록되어 있다. 더구나 "우리들은 암웨이가 향후 5년 안에 2배 규모로 성장할 잠재력을 갖고 있다고 믿는다."고 선언했다. 선언의 의미는 암웨이가 2000년에는 1백억 달러의 매출을 올리는 기업이 된다는 것을 의미하며 새로운 체제하에서 지금보다 더 높은 비약을 목표로 삼고 있다고 할 수 있다.

세계 속의 암웨이 사원에게(전문) --------------------------------

(1995년 9월 1일)

우리들은 암웨이가 향후 5년 안에 2배 규모가 될 잠재력을 갖고 있다고 믿습니다. 그러나 이것은 자동적으로 달성할 수 있는 것은 아닙니다. 이 목표 달성을 하기 위해서는 세계 속의 암웨이 사원과 디스트리뷰터들의 헌신적인 노력이 필요합니다.

우리들은 자유, 가족, 보수, 희망이라는 공동 창업자의 철학을 바탕으로 열심히 노력하고 있으며, 암웨이 비즈니스를 전세계로 넓혀 창업자의 이념에 따라 가능한 많은 사람들에게 암웨이의 기회를 부여하고 싶은 생각입니다. 우리들의 책임과 의무는 많은 사람들에게 그들이 신으로부터 받은 재능과 능력을 충분히 발휘할 기회를 주어 성공에 걸맞는 소득을 보장해 주는 데 있습니다.

암웨이는 현재는 물론 장래에도 디스트리뷰터와의 파트너십을 유지해 가겠습니다. 당사가 소비 시장에서 성공할 수 있는 유일한 길은 디스트리뷰터와의 파트너십에 있습니다. 우리 회사의 성공은 재무적인 결과에만 기인하지는 않습니다. 당사의 진짜 성공은 암웨이 디스트리뷰터에 대해 충분한 이익률 보장과 지속적으로 기회를 확대해 갈 수 있는가에 달려 있습니다. 암웨이의 디스트리뷰터가 성공했을 때 암웨이 코포이션, 암웨이 아시아 퍼시픽 그리고 일본 암웨이도 함께 성공하는 것입니다.

오늘 그리고 미래의 암웨이는 '행동에 대한 열정'을 계속 가져야만 합니다. 변화를 예측하고 변화에 민첩하게 대응해 온 점에 암웨이 경영의 진수가 있는 것입니다. 우리 경영진의 기본적인 견해는 어떠한 결정에도 리스크가 따르지만, 결정을 내리지 않은 것에 의한 리스크가 가장 크다는 것입니다. 그러므로 우리들은 일을 완수하기 위해 행동으로 실행하는 권한을 사람들에게 부여합니다.

권한 부여에는 책임도 포함되어 있습니다만, 그것은 틀림없이 창조성, 혁신, 그리고 더욱 좋은 서비스로 이어질 것으로 기대하고 있습니다.

미래의 암웨이는 지금까지 이상의 창조성이 요구될 것입니다. 세계 시장은 급격히 변화하고 있습니다. 전통적, 비전통적인 소매업태에서 기술, 제품 그리고 서비스 등의 경쟁은 당사의 조직에도 영향을 주고 있습니다. 우리들은 회사 내부 및 디스트리뷰터와의 업무 운영상의 테크놀러지가 암웨이의 경쟁력을 유지하기 위해 한층 더 중요시 된다고 생각합니다. 모든 암웨이 제품에 대해서 세계 수준, 아니 그 보다 더 높은 수준이 요구되는 것이 암웨이 비즈니스의 기본이라는 점은 두말할 나위가 없는 것입니다.

미래의 암웨이는 확실히 효과가 있는 매력적인 비즈니스 기회를 계속 유지해야만 합니다. 세계적인 추세로 볼 때 개인 수입의 급격한 증가에 의해 암웨이 비즈니스에 참여하는 동기가 된 전통적인 '경제적 인센티브'가 영향을 주게 된 것입니다. 우리들은 암웨이 디스트리뷰터에 의한 비즈니스 기회야말로 내일의 시장에 있어서 '일' 할 기회를 부여할 것에 확신을 가져야만 합니다.

미래의 암웨이는 과거에 비해 더욱 더 지구 규모에서의 팀워크가 요구됩니다. 우리들 누구라도(특히 이 편지의 필자들) 장래에 대해 모든 해답을 갖고 있지는 않습니다. 그러나 상호 보완적인 기능이나 재능 그리고 전망을 갖고 있는 외부 사람들과 협력해 감으로써 복잡한 문제도 해결할 수 있겠지요.

미래의 암웨이는 성공의 척도를 경제적 측면에서만 측정하지 않습니다. 우리들 조직에서의 성공은 시장에서 얻은 존경과 신뢰성, 우리 모두의 말에 대해서 다른 사람들이 표명하는 신용, 당사의 디스트리뷰터와 암웨이의 '좋은 회사명'의 성공 등에 의한 것입니다.

우리들의 성공은 암웨이 비즈니스 특히 사원이나 디스트리뷰터의 기회 확대와 개선으로 연결될 뿐만 아니라 지역사회에 대한 공헌에도 연결되는 것입니다.

우리들은 정책위원회의 전략적 방향에 따라서 암웨이를 최고의 수준으로 만들어나가기 위해 모두와 손잡고 전진해 나갈 예정입니다. 많은 도전을 기대하고 있습니다. 기회는 충분히 있습니다. 여러분의 지속적인 지지에 의해 우리들의 장래는 정말로 밝아질 것입니다.

스티브 밴 앤델 회장
딕 디보스 사장

최고 공동 경영자 ― 스티브와 딕

모두 1955년생

미국 미시건주 그랜드 래피즈 근교의 에이다에 본사를 둔 암웨이 코포레이션은 밴 앤델 일가와 디보스 일가가 소유한 패밀리 기업이며 주식도 공개하지 않았다. 암웨이의 경영은 1959년 창업 이래 창업자인 제이와 리치 두 사람이 도맡아 해오다가 1992년 6월이 되어 최고 경영기관으로서 정책위원회(Policy Board)를 창설했다.

정책위원회는 공개기업의 이사회에 해당하는 것으로 구성은 두 사람의 창업자를 포함해 양가의 패밀리 멤버 5명씩 모두 10명이다. 매월 1회 열리는 정책위원회 미팅에서 결정된 내용을 경영의 프로인 최고 업무책임자 토머스 에글스톤이 집행하는 체제가 거의 3년간 계속 유지돼 왔다.

1995년 9월 1일을 기하여 두 창업자가 일선에서 물러나고 집행기관으로서 새롭게 OCE가 설치됨으로써 에글스톤은 업무책임자 자리에서 물러났다.

그 동안의 경위에 대해서는 두 번에 걸친 인터뷰 내용안에 스티브와 딕이 자세하게 설명하고 있다.

암웨이 비즈니스 창업 정신으로 되돌아가서 경영 이념이나 전략뿐만 아니라 집행에 관해서도 양가의 가족이 책임지고 관리한다는 결의의 표출이라고 볼 수 있다.

그러면 세계 기업으로 성장한 암웨이 비즈니스의 리더를 맡은 스티브와 딕는 어떤 인물인가. 양가의 경력과 두 번의 인터뷰(딕과는 1994년 단독 인터뷰를 포함해 3회)를 근거로 인물을 소개하고자 한다.

두 사람은 모두 1955년 10월생으로 나이는 41세(감수자 주:현재는 44세). 클린턴 대통령을 비롯해 미국에서 베이비붐 세대중 가장 젊은 세대에 속한다. 두 사람 모두 암웨이 두 창업자의 장남으로 젊었을 때부터 후계자로서 철저히 교육받았다는 점에서는 공통되지만 경력이나 성격에는 꽤 다른 점을 엿볼 수 있다.

위) 미시건주 에이다에 있는 암웨이
    코포레이션
오른쪽) 정면 앞의 만국기

딕은 그 지방 미시건주의 노스우드 대학에서 경영학을 공부한 후 1974년에 20세로 암웨이에 입사했다. 딕은 그 당시의 추억에 대해 필자와의 인터뷰에서 다음과 같이 말하고 있다.

부친을 닮은 스피치의 명수 딕

"훈련 기간은 5년 정도로 그 동안에 암웨이 비즈니스의 모든 분야를 경험했습니다. 암웨이의 트럭 운전을 비롯해 트럭에 짐을 싣는 일까지 했습니다.

제조현장은 물론 연구개발, 마케팅, 경리, 컴퓨터실 등에서 현장 동료들과 어깨를 나란히 하고 함께 일을 했습니다. 일이 끝난 후에는 현장의 동료들과 놀러간 적도 있습니다.

실제로 디스트리뷰터로서 암웨이 제품을 친구들이나 지역 사람들에게 팔기도 하고 암웨이 디스트리뷰터와 함께 일도 했습니다. 이러한 경험을 통해서 암웨이 디스트리뷰터 시스템이 어떤 기능을 하고 있는지를 알 수 있었습니다."

딕 디보스 사장

이후 딕은 1982년부터 2년간 부친 리치 디보스 사장 밑에서 사장실 특별 대표로서 임원회를 주재한다. 그 동안 38만명의 디스트리뷰터가 참가한 컨벤션 프로그램 작성을 비롯하여 미국이나 해외에서의 디스트리뷰터 대회에서 부친 대신 스피치도 했다.

1984년에는 국제담당 부사장으로 취임, 5년에 걸쳐서 세계 각국에 진출한 암웨이의 경영관리 등 국제부문 전반의 지휘를 맡았다. 1993년 1월 1일에는 부친을 대신하여 37세의 젊은 나이에 사장으로 취임했으며 암웨이의 톱으로서 경영 전반을 지휘하게 되었다. 현재 일본 암웨이의 회장, 암웨이 아시아 퍼시픽 사장도 겸하고 있다.

미국인으로서는 결코 몸집이 크지 않은 딕은 스피치의 명수로 잘 알려진 부친과 마찬가지로 대단한 웅변가이다. 인터뷰에서도 조크를 섞어가며 재치 있게 대답하는 태도에서 머리 회전이 빠르다는 것을 엿볼수 있었다. 부인 베츠이와의 사이에 2남 2녀를 두었고, 6인 가족 모두를 아끼는 등 가정을 소중히 여긴다고도 알려져 있다.

마케팅 전문가 스티브 밴 앤델

한편 스티브는 힐즈테르 대학에서 경영학을 공부한 후 오하이오주에 있는 마이애미대 대학원에서 마케팅 MBA(경영학 석사)를 취득한 마케팅 전문가이다. 1980년에 암웨이에 입사하여 부사장으로 북미 마케팅, 국제 마케팅 등을 담당했다. 1992년 5월에는 정책위원회 담당 이그젝티브 커미티 위원장으로 취임, 현재 일본 암웨이 부회장, 암웨이 아시아 퍼시픽 회장을 겸하고 있다.

장신인 스티브는 조용하고 겸허한 인품이다. 경영 톱이 된 지 얼마 안 되어서인지 두번의 공동 인터뷰는 딕이 리드해 나가고 스티브는 부족한 부분을 보충해주는 형태로 진행했다. 가족은 신디 부인과 단 둘이서 생활하고 있다.

스티브 밴 앤델 회장

두 사람은 1996년 6월 인터뷰에 임하여 연명으로 일본의 디스트리뷰터에게 보내는 메시지를 채택했다. 내용은 다음과 같다.

21세기의 다가오는 발소리가 들려오는 지금 암웨이 본사의 전사원을 대표하여 일본에 계신 분들에게 인사를 드립니다.

20세기를 마무리하는 이때 누구나 미래를 내다보며 꿈을 이야기하는 시기입니다만, 특히 꿈과 노력을 표어로 삼아 온 암웨이에게는 특별한 의미를 갖는 시기입니다.

암웨이의 기본 이념은 개인 사업주의 공통된 바람인 노력을 평가받아 정당하게 보답받는 비즈니스를 지향하는 것입니다. 꿈, 노력, 성취가 암웨이 비즈니스의 성공의 열쇠라고 해도 좋겠지요. 이 단순 명쾌한 경영이념에 의해 암웨이는 세계에서 가장 성공한 기업이 될 수 있었습니다.

그러나 암웨이가 이제까지 달성한 모든 사업은 장래를 향한 시작에 불과합니다. 장래 일어날 변화는 암웨이 비즈니스에 있어서 비약의 기회를 부여해 주는 것입니다.

일본 암웨이는 이러한 장래를 향한 중요한 위치에 있습니다.

일본 암웨이는 훌륭한 비즈니스로서 성공을 거둔 지금 영업을 개시한 지 18년째로 암웨이의 국제 사업의 중심이 되었습니다. 더구나 암웨이 전조직의 촉매 역할도 하고 있습니다. 일본 암웨이의 성공에 자극을 받고 우리들은 새로운 발상과 방향을 모색하게 된 것입니다.

수많은 도전이 우리들을 기다리고 있습니다. 일본의 디스트리뷰터 여러분의 활약에 의해 새로운 미지의 세계로 암웨이 비즈니스의 영역을 넓혀가고 싶습니다. 그와 동시에 우리들은 업적 향상을 지원하고 개인적인 번영에 기여하겠습니다. 우리들은 최선의 제품과 서비스를 계속 제공하는 것은 물론이고 암웨이의 '세일즈 마케팅 플랜'을 통하여 최고의 비즈니스 찬스를 약속드립니다.

우리들은 암웨이 제품과 시장과의 유일한 가교인 디스트리뷰터와의 파트너십을 가장 중요하게 생각하고 있습니다. 기술의 급속한 진보는 우리들의 판매 시스템에 있어서 위협이 아니고 시스템 강화를 할 수 있는 좋은 기회입니다. 우리들은 파트너를 지원하는 수단의 개선을 위해 모든 가능성을 탐구하여 업적 향상의 기폭제로 삼고자 생각합니다.

21세기를 향해 함께 걸어갑시다. 여러분이 이룩한 성과에 감사하며 다시 한번 장래의 비약을 기원합니다.

정책위원회의 구성과 역할

양가 대표 5명씩으로 구성

　암웨이의 최고 경영기관인 정책위원회를 이야기할 경우 밴 앤델가와 디보스가에 대해서 알고 넘어가지 않을 수 없다. 패밀리 비즈니스인 암웨이의 정책위원회는 양가에서 5명씩 모두 10명으로 구성되어 있기 때문이다.

　밴 앤델가의 구성은 창업자인 제이를 필두로 하여 암웨이 회장인 장남 스티브, 차남 데이브, 두 자매 밥과 낸으로 이루어져 있다.

　한편 디보스가는 같은 창업자인 리치를 비롯해 장남인 딕이 암웨이 사장이다.

　차남 댄과 삼남인 덕은 각각 부사장으로 활약하고 있다.

　장녀 체리도 암웨이의 여러 가지 자선활동에 앞장서고 있다.

　매월 1회 열리는 정책위원회 미팅의 의장은 스티브가 맡고 있다.

　스티브는 정책위원회의 역할에 대해서 이렇게 말한다.

　"정책위원회는 암웨이 전체의 관리에 책임을 지고 OCE(최고경영 책임자)가 실제의 경영에 참여하고 있습니다. 회의에서는 딕와 내가 경영의 현재 상황을 보고하고 정책위원회의 결정을 거쳐 우리들이 실행하는 것입니다."

차남 데이브

　1991년 5월 이후 업무책임자(COO)로서 정책위원회의 결정사항을 집행해 온 토머스 애글스톤은 OCE 창설에 따라서 업무책임자 자리에서 물러났지만, 그 후 정책위원회의 고문 겸 컨설턴트로서 암웨이에 머무르게 되었다. 애글스톤은 이 점에 대해서 "암웨이에서 나의 역할은 본래 창업자에서 2대째로 계승될 때까지의 과도기에 암웨이 비즈니스를 보좌하는 것이었습니다. 후계자가 훌륭하게 성장한 이상 그들에게 자리를 내주는 것은 당연한 일입니다."라고 말하고 있다. 암웨이 코포레이션 창업자의 가족에 대한 절대적인 신뢰를 표명하는 말이다.

데이브 밴 앤델 부사장

양가의 가족 중에서 스티브와 딕에 이어서 활발한 활동을 하고 있는 사람은 밴 앤델가의 차남 데이브이다. 데이브는 암웨이의 제조·업무담당 부사장이지만, 환경문제나 지역공헌 활동에도 적극적으로 참여하고 있다. 1994년 10월 밴 앤델 기념관의 개소식에 참석했을 때 필자와의 인터뷰에 응해 암웨이의 기업이념에 대해 다음과 같이 말했다.

"암웨이는 환경보호와 지역에 대한 공헌을 특히 중시하고 있습니다. 이 기념관은 그 일례이지만, 좋은 기업이란 것은 항상 우리들이 거주하며 활동하고 있는 지역에 대한 공헌을 생각할 필요가 있습니다. 밴 앤델가는 이 기념관 건설에 주도적인 역할을 다했습니다. 우리들은 '좋은 기업 시민정신(Good Cooperation Citizenship)'이란 자신들이 사는 지역에 공헌하는 것이라고 생각하며 보답을 기대하지 않습니다. 기업에 있어서 환경보호는 매우 중요합니다. 우리는 환경을 생각하는 제품을 만들기 위해 항상 유의하고 있습니다. 미국에서는 환경에 대한 관심이 점차 높아지고 있습니다. 기업과 환경이 공생해야 한다는 점에 대해서도 관심이 높아지고 있고 우리는 그 선도자적 역할을 맡아 가고자 다짐합니다. 환경을 무시하고 수익 제일주의로 치우치면 전원이 패자가 될 뿐입니다."

딕 디보스와 스티브 밴 앤델 인터뷰 1
조직 내의 창조력과 재활성화

'결정'은 두 사람의 협의로

Q 창업자로부터 제2세대로의 경영권의 이행은 무리 없이 진행된 것처럼 보입니다. 이인삼각으로 걸어온 지 1년을 맞는 느낌을 말씀해 주시겠습니까?

밴 앤델 딕에 비하면 나는 암웨이 경영에 관해서는 신인이기 때문에 현재 세계 각국의 암웨이를 방문하고 있는 중입니다. 앞으로 2~3년 내에 모든 암웨이를 둘러보고 각국의 디스트리뷰터 리더들과 대화를 나눌 예정입니다.

기구 면으로는 1995년 9월 OCE를 창설하여 딕과 암웨이의 경영이념이나 금년의 업적목표에 관하여 서로 이야기해 왔습니다. 딕과 서로 확인한 것은 암웨이 비즈니스의 근간은 디스트리뷰터이며 디스트리뷰터와의 파트너십을 한층 더 강화해 가고자 한 것입니다.

디보스 스티브와 함께 일하는 것은 매우 행복합니다.

암웨이의 경영 형태가 OCE를 중심으로 이루어지는 것은 다른 회사와는 다소 이질적입니다. 스티브와는 각국에 뻗어 있는 암웨이의 모든 문제에 대해서 서로 이야기를 하고 있습니다. 암웨이 아시아 퍼시픽, 일본 암웨이, 암웨이 코포레이션은 각각 독자적인 경영형태를 모색하고 있지만, 스티브와 나는 임원으로서 경영에 참여하고 있으며 경영 면에서도 한팀으로 활동하고 있습니다.

Q 두 사람의 역할 분담은 어떻게 되어 있습니까?

디보스 두 사람이 각각의 테마로 일을 한 경우에는 각자의 생각을 가지고 모여 둘이서 협의하고 결정을 내립니다. 이 시스템은 매우 멋진 기능을 하고 있습니다. 우리들은 공통된 목표를 갖고 있고 암웨이 비즈니스가 38년 동안 발전시켜 온 전통이나 가치관, 예컨대 세계 규모의 비즈니스 전개 등에 대해서도 의견이 일치하고 있습니다.

그러나 변화가 필요한 경우에는 주저하지 않고 변화할 것입니다. 우리들이 암웨이 비즈니스에 대해 제의하려는 것은 조직 내의 창조력과 주도권의 재활성화입니다.

Q 국제 사업은 디보스 사장의 권한 사항입니까?

디보스 그 점은 다릅니다. 스티브가 적극적으로 세계를 돌고 있기 때문에 둘이서 지역을 나누어 돌아다니고 있습니다. 암웨이 코퍼레이션 내의 일도 분담해서 하고 있습니다. 국제 담당 대 국내 담당이라는 역할 분담은 없어졌습니다. 암웨이는 세계기업이며 그러한 현실을 반영한 것입니다.

스티브와 나는 개성, 관심, 능력 어느 면에서도 비슷하기 때문에 국내, 국제 모두 둘이서 분담하기로 한 것입니다.

현재 우리들이 직면하고 있는 최대의 난점은 언제 같은 날에 같은 장소에서 만나 의견이나 정보를 교환할 수 있을까라는 것입니다. 우리들은 연중 세계를 돌고 있기 때문에 보통은 E메일 등으로 대화를 나누고 있습니다.

Q 최고 경영기관인 정책위원회와의 관계는 어떻게 되어 있습니까?

밴 앤델 정책위원회는 주식공개회사의 이사회에 해당합니다. 암웨이 코포레이션은 비공개의 가족 경영회사이기 때문에 정책위원회를 구성하는 10명의 멤버는 전원 딕 일가와 나의 형제자매입니다.

OCE 발족 당시부터 정책위원회와는 긴밀한 관계를 유지하고 있습니다. 단 비즈니스 관점에서 보면 비즈니스와 가족관계는 별개이기 때문에 그 점에 대해서는 정확히 구분짓고 있습니다. 또한 정책위원회는 암웨이 전체의 관리에 책임을 지고 OCE가 실제로 경영을 맡고 있습니다. 정책위원회의 의장은 나이기 때문에 딕과 내가 경영의 현상황을 보고하고 정책위원회의 결정을 거쳐 우리들이 실시하게 되는 것입니다.

디보스 정책위원회의 승인하에 스티브와 내가 매일 경영을 맡고 있는 것입니다. 정책위원회는 항상 우리들을 지원해 주고 있습니다.

국제 전략의 요점이 된 것은 각국 암웨이 스탭의 강력한 지원입니다. 특히 일본에서의 비즈니스 전개에 있어서는 일본 암웨이 경영체인 일본 암웨이 이사회의 적절한 조언이 대단히 도움이 됩니다

일본 암웨이 사장인 리처드 존슨씨는 암웨이 국제경영 팀의 매우 소중한 멤버입니다. 일본 암웨이에 이와 같은 훌륭한 경영진이 있다는 것을 자랑스럽게 생각합니다.

항상 장기적인 목표를 생각하고

Q 작년(1995년) 9월의 새로운 체제 발족에 즈음해서 전세계의 암웨이 사원에게 공개서한을 보냈습니다. 그 내용 안에서 '5년 동안에 규모를 2배로 신장' 한다는 전략 목표를 명확히 세우고 있습니다만, 달성할 자신은 있으신지요.

디보스 정확히 말하면 우리들은 어떤 공개서한에 "암웨이 비즈니스는 5년 동안에 규모를 2배로 신장시킬 잠재능력을 갖고 있다."고 썼습니다. 우리들은 암웨이의 잠재능력을 믿고 있습니다. 목표를 달성할 수 없다는 통계적, 재무적 분석은 어디에도 없습니다.

어떤 목표는 확실히 야심적인 것입니다. 가령 2000년에 목표의 80%밖에 달성하지 못했다고 해도 대단한 성장이라고 말할 수 있지요. 2000년 시점에서 달성할 수 없다고 해도 가까운 장래에는 반드시 '1백억 달러 기업' 이 됩니다. 문제는 '언제인가' 입니다.

단 우리들이 항상 명심하고 있는 것은 암웨이의 경영이념입니다. 요컨대 단기적인 목표 달성을 위해 장기적인 목표를 희생할 수는 없습니다. 단기적인 목표 달성을 지향하는 한편 항상 암웨이 비즈니스의 장기적인 목적에 합치하는지 어떤지를 고려하고 있습니다.

Q 암웨이 창업자인 여러분의 부친 제이 밴 앤델씨와 리치 디보스씨는 현재 어떤 역할을 하고 있습니까?

밴 앤델 고문으로서 우리들의 자문 역할을 하고 계십니다. 정책위원회의 결정을 실행하는 것이 우리들의 일입니다만, 때때로 "어떻게 하면 좋을까?" 하는 의문이 생깁니다. 딕과 나의 부친은 암웨이에서 가장 오래된 연장자이기 때문에 암웨이 비즈니스에 관해서 이분들만큼 잘 알고 있는 분은 없을 것입니다.

나의 부친은 자주 여기(회사)에 오십니다. 여러 가지 일로 자문을 구하지만 부친의 대답은 언제나 재빠르고 단도직입적이기 때문에 많이 참고하게 됩니다.

더불어 사는 자본주의(Compassionate Capitalism)

디보스 두 분은 우리들을 전면적으로 지원해주고 있고 더구나 자유로운 재량권을 주었습니다.

두 분은 암웨이 비즈니스가 장래 한층 더 비약하기 위해서는 우리 제2세대에게 힘을 주어 비즈니스 전선에서 마음대로 활약하게 해야 한다고 믿고 있는 것같습니다. 스티브의 부친은 확실히 회사에서 자주 뵙습니다. 비즈니스에 대한 열정이 조금도 식지 않은 것처럼 보입니다.

나의 부친은 건강상의 이유로 현재 남 플로리다주에 살고 있기 때문에 그 정도로 빈번히 회사에 나오지 못합니다. 단 어제 열린 정책위원회 미팅에는 모습을 보였기 때문에 저녁 때 이야기를 했습니다.

이태리에서 2, 3일 일을 한 뒤 주말에 돌아오셨습니다. 부친은 폭넓은 취미를 갖고 있고 특히 부친이 소유하고 있는 전미 프로 농구(NBA) 올랜드 매직의 열렬한 팬입니다.

Q 암웨이의 기업이념으로서 '더불어 사는 자본주의' 이라는 말을 자주 듣습니다.
디보스 '더불어 사는 자본주의' 라는 것은 부친이 쓰신 저서 제목이기도 하며, 또한 부친의 개인적인 신조이기도 합니다. 그러나 이 책 안에는 암웨이 비즈니스를 일관하는 기본적인 사상이 도처에 아로 새겨져 있습니다.

그 한 예를 들어보면 그 신조1에서는 '인간은 누구라도 좋은 쪽으로 변화할 잠재력을 갖고 있다' 고 말하고 있습니다. 이것은 암웨이 비즈니스의 기본 정신 그 자체로 우리 비즈니스는 개인을 존중하고 믿음으로써 이루어지는 것입니다. 이 개인 가운데는 물론 암웨이의 사원과 디스트리뷰터가 포함되어 있습니다. 우리들에게는 암웨이에 관계되어 있는 모든 개인이 소중합니다.

Q 암웨이가 중시하고 있는 지역에 대한 공헌은 이러한 신조에서 자연스럽게

나온 것이군요.

밴 앤델 그렇습니다. 더불어 사는 자본주의의 귀착점은 지역이나 지역 사람들에 대한 공헌입니다. 제2세대인 우리들도 이 좋은 전통을 계승해 가고자 생각합니다. 그랜드 래피즈 시내를 걷다 보면 디보스 예술 홀이라든가 밴 앤델 기념관, 여성과 어린이를 위한 디보스 병원 등이 눈에 띕니다.

이러한 것은 우리들의 지역사회에 대한 자그마한 '보답'입니다.

Q 암웨이는 환경보호에도 힘쓰고 계시는 줄로 알고 있는데요.

디보스 '환경에 부드럽다'라는 것이 암웨이 비즈니스의 또 하나의 중요한 항목입니다. 암웨이에서는 이미 동물실험을 그만두었고 생산현장에서는 포장이나 플라스틱 용기 등을 재활용하고 있습니다. 프레온 가스도 사용하지 않습니다. 환경보호는 앞으로도 암웨이 비즈니스에서 빼놓을 수 없는 중요한 항목입니다.

일본 암웨이는 앞으로도 신장한다!

Q 작년에는 중국에 진출하는 등 암웨이 비즈니스는 전세계로 확대하고 있습니다. 확대 전략은 앞으로도 계속됩니까?

디보스 암웨이가 진출한 나라는 현재 41개국입니다만, 가까운 남미 콜롬비아를 추가해 42개국이 됩니다. 특히 인도와 필리핀 진출에 대해서도 신중히 검토 중입니다.

밴 앤델 중국에 관해서는 작년 4월부터 스타트한 광동, 복건 두지역에 이어 금년 초에 상하이에 진출했습니다. 중국은 다이렉트 셀링 방식에 비교적 친숙치 못한 나라이기 때문에 여러 가지 어려운 점이 있는 것은 사실입니다. 첫 출발은 순조로와 실적도 늘고 있습니다. 거대한 시장이기 때문에 암웨이 비즈니스를 이해시키기 위해 착실히 계속 노력해 갈 예정입니다.

Q 일본 암웨이는 매출액, 디스트리뷰터 수 양면에서 암웨이 전체의 30% 이상을 차지하는 등 암웨이 비즈니스 안에서의 비중이 점점 커지는 경향입니다.

밴 앤델 우리들은 항상 일본 암웨이는 과연 이것 이상 성장할 가능성이 있는 것일까라며 의논하고 있습니다. 인구당 디스트리뷰터 수를 따져보면서 이 숫자 이상의 성장은 무리가 아닐까라고 하는 사람도 있었습니다.

그러나 우리들의 예측은 항상 빗나갔습니다. 일본 암웨이는 성장을 계속하고 있는 것입니다. 아직도 성장할 여지가 있다고 생각합니다.

디보스 일본 암웨이의 업적 전망에 관한 전망은 매우 순조롭고 장래에 대해서도 낙관적입니다. 98만조(組)라는 일본의 갱신 디스트리뷰터 수가 많은 것은 사실입니다. 그러나 우리들이 공표한 250만조 이상이라는 전세계의 갱신 디스트리뷰터수는 '최소한' 이라는 네덜란드인 기질을 반영한 매우 보수적이고 소극적인 숫자입니다.

*디보스가와 밴 앤델가는 모두 네덜란드에서 이민 온 세대임.

Q 일본의 말단 디스트리뷰터 중에는 '돈을 번 사람은 없다' '지역 사회의 일을 전혀 생각하지 않는다' 는 등의 문제점을 지적하고 있다는 소리를 들었습니다.

디보스 좋은 점을 지적해 주셔서 감사합니다. 우리들은 암웨이 비즈니스의 이념을 담은 교육 프로그램을 디스트리뷰터에게 실시하고 있습니다. 일본의 디스트리뷰터에 대해서도 마찬가지입니다. 일본의 디스트리뷰터는 자세한 데이터를 요구하는 등 교육 프로그램에는 매우 열심입니다.

밴 앤델 일본과 같이 90만조 이상의 디스트리뷰터가 있는 곳에서는 언제나 문제가 발생할 가능성이 있지요. 디스트리뷰터의 교육 프로그램도 상황에 맞게 개정할 필요가 있습니다.

Q 일본의 디스트리뷰터로부터 일본이나 아시아에 본격적인 연구개발(R&D) 시설을 만들기 바란다는 요망 사항을 자주 듣습니다.

디보스 흥미깊은 의견입니다. 단 지적하고 싶은 것은 일본 암웨이에서도 어느정도의 연구활동은 실시하고 있습니다. 이 점은 부디 일본 디스트리뷰터 여러분이 알아주길 바랍니다.

밴 앤델 여기 에이다의 연구개발 시설에는 세가지의 '조리장'이 있습니다. 미국, 유럽, 그리고 일본입니다. 요컨대 스킨케어라고 해도 일본의 소비자를 겨냥한 제품은 미국 시장의 제품과는 별도로 만들고 있습니다. 새로운 개발 시설을 만드는 데는 막대한 비용이 들고 그 비용을 제품 가격에 추가해야만 합니다. 에이다에서 제조하는 제품에 관해서는 연구개발도 여기서 하는 것이 타당하지요.

딕 디보스와 스티브 밴 앤델 인터뷰 2
'암웨이 기업문화'의 침투
(1995년 9월 19일)

지역사회에 대한 공헌을 모토로

Q 올 9월 1일을 기하여 암웨이 창업자 시대에서 제2세대로 이행했습니다. 결국 디보스가와 밴 앤델가의 장남인 여러분 두 사람이 공동으로 암웨이 비즈니스의 총지휘를 맡게 된 셈입니다만, 이 세대교체의 배경을 듣고 싶습니다.

디보스 세대교체의 역사부터 설명하지요. 경영 톱의 세대교체는 제2세대를 후계자로서 육성하는 것에서 시작되었습니다. 후계자를 육성하지 않고 세대교체는 할 수 없습니다. 15년 전부터라고 생각합니다만, 창업자 두 분-우리들의 부친입니다만-은 아들과 딸들 전원을 경영자로서 훈련하는 프로그램을 개시했던 것입니다.

훈련 기간은 5년 정도 계속되었고 우리들은 암웨이 비즈니스의 모든 분야에서 훈련을 받았습니다. 나 자신은 암웨이의 트럭 운전이나 트럭에 짐을 싣는 일까지 했습니다. 제조 현장은 물론 연구개발, 마케팅, 경리, 컴퓨터실이라는 곳에서 현장의 직원들과 마찬가지로 함께 일했습니다.

몇 번인가는 일을 마치고 현장 사람들과 놀러 간 적도 있습니다. 팀의 일원으로서 일을 한 셈이지요. 부친들이 우리들에게 이러한 일을 시킨 것은 암웨이 비즈니스의 전체를 파악시키기 위해서였다고 생각합니다.

중요한 것을 잊고 있었습니다만, 우리들은 실제로 디스트리뷰터로서 암웨이 제품을 친구들과 지역 사람들에게 팔기도 하고 암웨이의 디스트리뷰터와 함께 일도 했습니다. 이렇게 해서 암웨이의 디스트리뷰터 시스템이 어떤 기능을 하는지 알게 되었습니다.

5년전에 최고 경영기관으로서 양가의 패밀리 멤버 10명으로 구성된 정책위원회가 창설되었습니다. 정책위원회에서는 암웨이 비즈니스의 모든 사항을 서로 의논하며 5년에 거쳐 세대교체 준비를 계속해왔다고 말할 수 있습니다. 나는 2년 반 전부터 사장으로서 국제 부문을 중심으로 경영을 맡아왔습니다. 스티브는 마케팅 부문의 지휘를 맡아왔습니다. 이번에 스티브가 회장에 취임함으로써 제2세대로의 이행이 완료된 것입니다.

밴 앤델 지금 딕이 설명한바와 같이 우리들은 여기서 수년 동안 암웨이 비즈니스에 대해 국내뿐만 아니라 국제 부문의 마케팅도 경험했습니다. 나는 암웨이 코포레이션 회장도 겸임하고 있습니다. 따라서 딕은 물론입니다만, 나 자신도 국제 업무 경험도 많이 쌓고 있습니다.

딕과 나는 암웨이 비즈니스의 전체를 파악한 후 세대교체가 이루어졌다고 생각합니다.

정책위원회의 역할

디보스 이제까지 전세계의 암웨이 관계자는 우리들을 따뜻하게 지켜봐 주었습니다. 이것은 (디보스, 밴 앤델이라는) 패밀리 네임에 대해서가 아니라 우리들의 능력을 신뢰해준 것이며 경영자로서의 업적을 평가해 준 것이라고 믿고 있습니다.

Q 이번에 경영 톱 시스템이 바뀌어 새롭게 OCE가 신설되었습니다. 정책위원회의 역할은 어떻게 됩니까?

필자(우측끝)의 인터뷰에 나란히 답하고 있는 밴 앤델 회장(왼쪽)과 디보스 사장(1995년 9월 암웨이 코포레이션에서)

밴 앤델 정책위원회는 창업자인 리치와 제이가 우리들 제2세대와 손잡고 사업을 전개하기 위해 설치한 기구로 암웨이의 장기 전략을 검토하는 것이 주요 목적입니다. 정책위원회에서 의논하는 암웨이의 기본 이념은 앞으로도 몇 세대에 걸쳐 계승되어 가겠지요. 정책위원회의 기본 이념은 초지일관 변함이 없습니다. 물론 시대가 변하고 세대가 바뀌면 비즈니스 방식에 변화가 생기겠지만, 정책위원회의 역할, 기본 이념은 지속될 것입니다.

디보스 동감입니다. 정책위원회의 멤버는 암웨이 비즈니스를 숙지하고 있습니다. 우리들 전원이 암웨이 비즈니스의 장기적인 성공에 확고한 확신을 갖고 있습니다. 경영상의 성공뿐만 아니라 양가의 유산인 암웨이의 경영이념도 포함됩니다. 정책위원회에서 전략적, 장기적인 방향을 결정하고 스티브와 내가 그것을 집행해 가는 것입니다. 장래 다른 사람이 경영에 참여할지도 모르지만 암웨이의 기본 이념이 바뀌는 일은 없습니다.

공동의 일과 역할 분담

밴 앤델 암웨이에는 세계 속에 1만 2천명 이상의 사원이 있고 250만조 이상의 디스트리뷰터가 있습니다. 따라서 기업문화가 매우 중요합니다. 또한 암웨이의 조직 내에서의 개인적인 관계가 매우 중요하고 사원이나 디스트리뷰터나 전원이 암웨이의 일원이라고 느끼는 것이 중요합니다. 그 의미에서 기업문화가 매우 중요합니다.

우리들 제2세대에 있어서 정책위원회와 협의하면서 암웨이의 기업문화를 침투시켜가는 것이 중요한 역할이라고 생각합니다.

Q 향후 암웨이는 OCE 결국 당신들 두 사람이 공동책임으로 경영을 맡고 있는 셈입니다만, 두 사람의 의견이 일치하지 않을 때는 어떻게 합니까?

디보스 (웃으면서) 스티브와 나는 물론 서로 다른 개성을 갖은 인간입니다. 함께 살고 있는 것도 아니고 항상 함께 있는 것도 아닙니다. 서로 개성의 차이점도 인정하며 서로의 장점이나 약점도 알고 있습니다.

그러므로 담당 분야도 나누고 있습니다. 그러나 중요한 결정은 반드시 둘이서 상담 후 결정합니다. 각자의 판단은 별도로 하고 두사람의 협의없이 중요한 결정을 한 적은 없습니다.

밴 앤델 두 사람의 성장 과정도 매우 중요합니다. 우리들이 양친에게 교육받은 가치관은 거의 비슷하기 때문에 딕과 상담해 결정을 내리는 데 있어서 곤란한 적은 없었습니다. 물론 의견의 차이는 있지요. 딕은 파랑색을 좋아할지도 모르고 나는 빨강색이나 핑크를 좋아할지 모릅니다. 그러나 기본적인 가치관은 동일하기 때문에 뭔가 결정을 내리고 암웨이를 계속 발전시키는 데 있어서 그 정도는 곤란한 일이라고 생각하지 않습니다.

Q 두 분의 담당 분야는 사장이 아시아 태평양을 중심으로 한 국제분야, 회장이 마케팅을 중심으로 유럽을 담당한다고 들었습니다.

디보스 현재로선 판매에 관한 담당 분야는 대체로 그렇습니다만, 스티브는 북미도 담당합니다.

마케팅에 관해서는 스티브가 전세계의 책임자입니다. 경리 부문도 그가 담당합니다. 나 자신은 디스트리뷰터와의 관계나 외부와의 관계에 보다 초점을 두고 있습니다.

단 이러한 담당 분야는 어디까지 당면 조치이며 매우 유동적입니다. 필요성에 따라서 담당 분야가 바뀔 수도 있습니다. 두 사람 중 어느 한쪽의 담당 분야가 너무 바쁜 경우 서로 도와주기도 합니다. 가령 아시아 시장에 관해서도 스티브는 암웨이 아시아 퍼시픽의 사업전개에 적극적으로 관여하며 계속해서 회장직을 맡고 있습니다.

밴 앤델 암웨이의 사업은 전세계에서 전개하고 있고 우리들에게는 어느 나라든지 다 중요합니다. 두사람 모두 세계 각국에서의 사업 전개에 경험을 쌓고 있고 여기 세계 본사의 기구도 충분히 장악하고 있습니다. 나는 마케팅과 경리부문, 딕은 판매와 제조 부문에 역점을 두고 있습니다.

우리들은 매주 함께 스탭 미팅을 실시하고 있습니다만 독자적인 스탭 미팅은 하지 않습니다.

상하이에도 진출

Q 1995년 4월에 중국 진출을 달성하는 등 암웨이 비즈니스는 전세계로 확대
되고 있습니다. 확대 전략은 앞으로도 계속됩니까?

디보스 미국의 속담에 '무너지지 않는다면 수선할 필요는 없다' 라는 말이
있습니다.

암웨이 비즈니스는 일본과 아시아 태평양지역뿐만 아니라 북미, 남미,
유럽 등 세계 각국에서 성장을 계속하고 있고 암웨이 역사상 최고의 업적
을 올리고 있습니다. 우리들의 경영전략이 옳다는 것이 증명되어 기본 전
략을 바꿀 필요는 없다고 생각합니다.

Q 중국에서는 다음에 어디로 타깃을 두고 있습니까?

디보스 금년 4월부터 스타트한 중국 암웨이는 아직 광주, 복건 두 지역뿐이
지만 비즈니스가 매우 순조롭게 이루어지고 있습니다. 오늘 아침 열린 정
책위원회에서 중국 암웨이의 에버 챈씨로부터 중국 상황에 대해서 보고를
받았습니다만, 매우 흡족한 내용이었습니다. 이미 상하이지역에 대한 진출
도 발표했습니다만, 중국은 거대한 시장이며 중점 지역의 하나로 규모를
확대해 갈 예정입니다.

밴 앤델 암웨이는 창업 당초부터 세계를 목표로 해왔습니다. 앞으로도 이 방
침은 변함없습니다. 우리들의 해외 전개는 20년 전 오스트레일리아가 최초
였습니다. 앞으로도 1년에 세 곳 비율로 해외진출을 확대하고자 합니다.

Q 일본에서는 '가격파괴' 라고 불리는 저가격 판매로 유통혁명이 일어나고 있
습니다. 다이렉트 셀링의 장래성은 어떻게 보고 있습니까?

밴 앤델 디스트리뷰터에 의한 판매방식은 암웨이 비즈니스의 혈액 같은 것
입니다. 우리들의 성공 사례에서 보더라도 다이렉트 셀링의 장래는 밝다고
할 수 있습니다.

딕 디보스 사장 인터뷰
디스트리뷰터와 함께

신뢰받고 존경받는 회사로

Q 암웨이는 단지 이익만을 목적으로 한 회사가 아니라 신뢰받는 회사가 되는 것을 지향한다고 들었습니다만, 어떤 기업 이념을 바탕으로 경영에 임하고 있습니까?

A 암웨이는 신뢰받고 존경받는 회사가 되는 것을 목표로 삼고 있습니다. 일본이나 미국이나 세계 어디에서든 지역의 일원이라는 것을 항상 자각하고 있습니다.

우리들은 암웨이에서 활동하는 사원뿐만 아니라 전세계의 디스트리뷰터를 중심으로 생각하고 경영에 임하고 있습니다. 나는 항상 신입사원에서 간부사원에 이르기까지 전사원에게 감사하면서 일을 하고 있습니다.

나에게는 모든 사원이 소중합니다. 그런 의미에서, 암웨이는 이제까지의 전통적인 회사와는 다른지도 모릅니다.

사원은 상사를 위해 일하는 것이 아니고 자기 자신을 위해 일하는 것입니다. 또한 고품질의 제품을 소비자에게 제공하는 것이 지역 사회에 대한 공헌으로 이어지는 것이라고 항상 사원들에게 말하고 있습니다.

Q 암웨이의 최고 의사결정 기관은 정책위원회입니다만, 정책위원회는 어떤 역할을 하고 있습니까?

A 정책위원회는 형식적으로 '이사회(Board of Director)'는 아닙니다만, 그것과 동일한 기능을 하고 있습니다. 나와 제이 밴 앤델씨가 공동 CEO(최고경영책임자)로 되어 있습니다.

정책위원회는 매월 정례 미팅을 열고 여기서 암웨이의 기본 이념, 경영 철학이 변함없이 계속되고 있는지에 대해 확인합니다.

우리들은 가치관을 매우 중시하며 암웨이의 기업문화나 이념의 지속을 서로 확인하는 것이 중요합니다. 디스트리뷰터에 대한 약속이나 책임을 다하고 있는지에 대한 여부도 확인합니다.

정책위원회가 이러한 확인을 하는 것은 디스트리뷰터가 암웨이를 신뢰하고 비즈니스를 하기 위해서도 대단히 중요한 일입니다. 단순히 현재의 사장이 어떤 사고 방식을 갖고 있는가를 확인하는 것뿐만 아니라 창업자의 이념을 장기적으로 계속 이어가는 것을 확인하는 것입니다.

"일관되게 행동하라"

Q 조금 전 창업자의 한 분인 부친이 갑자기 나타나서 우리들도 깜짝 놀랐습니다만, 리치 디보스, 제이 밴 앤델 두 분으로부터는 개인적 혹은 회사 경영에 관해서 어떤 것을 배웠습니까?

A 몇 시간 이야기하면 좋을까요(웃는다). 이 이야기라면 밤새 이야기할 수 있습니다. 두 분의 창업자로부터는 여러 가지를 배웠습니다. 회사경영, 자본주의란 무엇인가부터 인생에 관해서까지 말입니다. 두 분으로부터 배운 가장 중요한 것은 "일관되게 행동하라."는 것입니다. 어떤 장소에서는 이렇게 말하고 다른 장소에서는 달리 말하는 사람을 가끔 볼 수 있습니다만, 우리들은 그런 일은 안합니다. 두 분의 창업자는 오래 전부터 지역 사회에 공헌해왔습니다만, 일단 공언한 것은 반드시 실행해 왔습니다.

나는 마음속 깊이 두 분을 존경하며 그분들을 본받으며 성장해 왔습니다. 두 분 모두 우리 자녀들의 교육에 시간을 내주고 계십니다. 우리들이 배운 것은 단순한 지식뿐만은 아닙니다. 이 회사는 단순한 하나의 회사가 아니라 우리 가족의 명예와 긍지가 걸린 곳입니다. 내가 암웨이의 발전에 진지하게 대처하는 이유 중 하나는 우리 가족의 명예가 걸려 있기 때문입니다.

Q 내년에는 중국에 진출한다고 들었습니다만, 글로벌 기업으로서 21세기를 향한 전략을 어떻게 생각하고 있습니까?

A 세계 각국으로 비즈니스가 확대되어 가는 것이 매우 기쁩니다. 세계 전체의 매출액을 보면 일본이 30%, 미국이 30%, 나머지가 기타 지역의 비율

로 되어 있습니다. 암웨이가 아직 진출하지 않은 거대 시장이 두 개 있는데 그 중 하나가 중국입니다. 중국은 머지않아 매출액 면에서 세계 5위 이내에 들 것이라고 기대합니다.

또 하나는 인도입니다. 인도는 거대한 인구가 운집해 있어 충분히 비즈니스 찬스가 있다고 생각합니다. 이 두 나라가 앞으로 세계 전략의 중심이 됩니다.

이 두 나라와 더불어 잠재력이 있다고 생각하는 시장으로는 인도네시아가 있고 동구권인 체코, 슬로바키아, 헝가리, 폴란드 그리고 터키 등도 주목하고 있습니다.

일본에 관해서는 14년에 걸친 일본에서의 비즈니스로 최고의 매출액을 기록하게 되었고 미국 시장을 상회하게 되었습니다. 우리들의 전략은 미국이나 일본과 같이 성숙한 시장과 더불어 새로운 시장을 형성하고자 합니다.

'환경보호에 앞장서는 암웨이' 를 지향한다

Q 일본에 대한 의존도를 줄이려고 하는 것입니까?

A 세계로의 진출에 의해 매출액이 증대됨에 따라서 향후 수년내에 전체 매출액에서 차지하는 일본과 미국의 비율을 각각 25% 이하로 만들려고 생각합니다. 그렇기 때문에 일본과 미국 이외의 지역에서 매출액을 비약적으로 신장시켜 가야만 합니다.

우리들이 지향하는 목표는 한 나라의 매출액이 전체의 25%를 넘지 않도록 하는 것입니다.

Q 암웨이는 '환경 보호에 앞장서는 기업' 을 모토로 하고 있습니다만, 환경 문제에 대해 앞으로 어떻게 대처해 나갈 생각입니까?

A 암웨이는 앞으로도 지구의 환경 보호에 계속 앞장설 것입니다. 환경 문제는 앞으로 점점 중요한 비중을 차지하리라 생각합니다. 따라서 암웨이는 다른 기업과는 다른 형태로 앞으로도 '환경 보호에 앞장서는 암웨이' 를 지

향해 갈 예정입니다. 환경 보호는 암웨이 비즈니스의 근간을 이루고 있기 때문에 적극적으로 대처해 갈 것을 약속합니다.

Q 암웨이 비즈니스의 또 하나의 중요한 항목인 지역공헌에 대해서는 어떻습니까?

A 지역공헌도 암웨이의 기업 이념의 하나입니다. 우리들은 항상 지역 사회에 대한 공헌을 중시하고 그 때문에 주도권을 발휘해 왔습니다. 가령 예술 분야에서는 교향악단에 대한 지원이라든가 미술의 진흥에도 힘써 왔습니다.

또한 젊은 사람들의 벤처 기업에 대한 지원, 신제품을 개발하기 위한 노하우 등도 제공해 왔습니다.

암웨이는 앞으로도 어려운 사람들을 지원해 갈 예정입니다. 그들이 자력으로 질높은 생활을 할 수 있도록 하는 것이 우리들의 목적입니다.

미국뿐만 아니라 세계 각국의 어려운 사람들에 대해서도 마찬가지로 이러한 사람들을 될 수 있는 한 지원하고자 생각합니다.

일본의 디스트리뷰터에게

Q 일본 암웨이를 구성하는 일본의 디스트리뷰터에게 어떤 것을 기대하고 있습니까?

A 암웨이 비즈니스는 장기적인 시점으로 봐야 하는 사업이라는 것을 항상 염두해두길 바랍니다. 우리들의 사업 계획에는 앞으로 2주 동안에 없어져 버리는 그런 것은 없습니다. 암웨이의 기본이념을 보면 알 수 있듯이 우리들의 사업은 장기적인 계획을 토대로 하고 있습니다.

우리들은 디스트리뷰터와의 관계에 대해서도 장기적인 파트너라는 생각을 갖고 있습니다.

일본 디스트리뷰터는 암웨이의 기업 이념을 성실히 실행하며 각자 자신의 비즈니스를 확립해 가길 바랍니다.

제2장 디스트리뷰터

그랜드 래피즈 시의 유래가 된 그랜드 강

암웨이 비즈니스를 구성하고 있는 것은 전세계 퍼져 있는 251만조 이상의 디스트리뷰터이다. 암웨이의 디스트리뷰터는 한 사람 한 사람이 독립한 사업주이며 암웨이의 사원은 아니다. 암웨이와 계약을 맺고 암웨이 제품을 독점적으로 세일즈하는 비즈니스맨이라고 할수 있다. 또한 대부분의 디스트리뷰터는 암웨이 제품의 소비자이기도 하다.

　이 장에는 일본과 미국을 대표하는 세 사람(정확히는 두 사람과 한조)의 톱 디스트리뷰터가 등장한다. 일본의 나까지마 가오루와 미국의 바니스 한센, 그리고 루이스 부부이다. 세 사람은 암웨이의 디스트리뷰터 중에서는 최정상에 선 사람들이며 세 사람을 소개함으로써 암웨이 비즈니스 성공의 '수수께끼'를 풀어본다.

더블 크라운 앰배서더 DD

암웨이 디스트리뷰터의 정상에

암웨이 세계에서는 나까지마 가오루라는 이름은 이미 전설적인 존재이다. 1996년 9월에 암웨이 디스트리뷰터로서는 전인미답의 핀 레벨 인 '더블 크라운 앰배서더 DD'를 달성, 전세계의 암웨이 디스트리뷰터의 정상에 섰다.

핀 레벨이라 부르는 암웨이 디스트리뷰터 시스템은 12단계로 되어 있다. 이 안에는 '더블 크라운 앰배서더 DD'라는 명칭은 보이지 않는다. 이 핀 레벨은 나까지마 가오루를 위해 특별히 설정된 것이다.

나까지마 가오루의 더블 크라운 앰배서더 달성을 축하하는 행사가 같은 해 9월 10일에 뉴욕 중심가에 있는 라디오 시티 뮤직홀에서 열렸다. 이 기념 행사에는 나까지마 가오루가 자랑하는 41계열 네트워크의 디스트리뷰터 가운데 6천명이 참석하여 이날은 뮤직홀이 일본인으로 가득찼다.

기념 행사는 나까지마가 작곡한 〈굿바이 모닝〉이 흘러나오는 가운데 개막되었다. 나까지마가 가장 존경하는 암웨이 창업자의 한사람 리치 디보스를 비롯해 딕 디보스 사장이 참석해 최대의 찬사를 보냈다. 15년 동안 걸어온 나까지마의 암웨이 디스트리뷰터 인생 가운데서 자신의 힘으로 성취한 최고 영예의 순간이었다.

디스트리뷰터의 톱 자리에 오른 나까지마 가오루란 어떤 경력의 인물일까.

나까지마는 1952년 3월 7일 시마네현 오오야마오끼 국립공원으로 둘러싸인 미호노세키에서 태어났다. 하마다시에 있는 상업고교를 졸업한 뒤 악기점에 취직하여 악기 세일즈맨으로 활동했다. 뛰어난 음악 센스를 갖고 있던 나까지마 청년은 1975년 야마하 주최의 아마추어 음악가 콘테스트 '팝콘'에 응모해 문득 악상이 떠오를 때마다 써 둔 자작곡 〈굿바이 모닝〉이 그랑프리를 수상했다. 이것이 계기가 되어 시마네현에서 상경하여 작곡가로 직업을 바꾸었다.

운명을 바꾼 한통의 전화

1982년 나까지마가 30세 때 운명을 바꾼 한 통의 전화가 걸려왔다. 친구인 아리우마 나나에(有馬七中)가 암웨이 비즈니스를 권유하는 전화였다. "해보겠다."고 바로 대답한 나까지마는 이날 이후 암웨이의 디스트리뷰터로서 동분서주하며 일해 왔다.

나까지마의 네트워크에는 현재 일본 암웨이의 디스트리뷰터 가운데 40%에 달하는 1백만 조의 숫자가 소속하고 있다고 한다.

'나에게 중요한 것은 암웨이 드림', '일하는 것이 노는 것이고 노는 것이 일하는 것이다' 등 나까지마의 어록은 다채롭다. '나까지마 가오루는 아직 미완성'이라고 스스로 말하는 나까지마의 타고난 성품은….

나까지마는 필자와 장시간 인터뷰를 하는 가운데 암웨이 비즈니스와의 관계, 인생관, 다음 목표 등을 솔직히 말해 주었다.

나까지마 가오루 인터뷰

도전하는 사람에게는 최고의 비즈니스

"목표를 갖는 것이 굉장히 중요합니다."

Q 더블 크라운 앰배서더라는 것은 암웨이 디스트리뷰터 중에서는 전인미답이라
고 들었습니다. 최정상에 오른 기분은 어떻습니까?

A 정상에 섰지만 가끔 내가 해온 일이 결과적으로 정상이 되었다는 정도입
니다. 좋아하는 일을 했기 때문에 이렇게 되었다는 느낌이 강합니다.

나한테는 암웨이 비즈니스가 일인 동시에 뭔가 설레이는 하나의 놀이에
가까운 즐거움이었습니다. 그러한 사고방식이 지금의 핀 레벨로 이어진 것
같습니다.

Q 일본 디스트리뷰터의 약40% 정도가 나까지마씨의 네트워크에 속해 있다고 들
었습니다. 암웨이의 디스트리뷰터 시스템이 나까지마씨의 비즈니스에 딱 맞는
다는 것입니까?

A 그렇다고 생각합니다. 나의 암웨이 네트워크는 정말로 즐겁고 활기
차고 모두가 목표를 갖고 있습니다. 특히 목표를 갖는다는 것은 굉장
히 중요합니다.

Q 나까지마의 네트워크에는 대충 40만명 정도의 회원이 있습니다만, 그들에게
항상 어떤 것을 말하고 있습니까?

A 기본은 '사람이 싫어하는 일은 하지 않는다. 사람이 기뻐하는 일을 한다'
는 매우 단순한 것입니다. 다른 사람이 싫어할 것 같은 일을 하면 발전할 수
없고 사람들이 기뻐하는 일을 계속하는 것이 매우 중요합니다. '자신이 왜
암웨이를 하고 있는가' 라는 것에 대해 확고한 목적의식이 없는 사람은 비
즈니스의 발전이 별로 없습니다. 자신이 하는 일에 대한 의의같은 것을 정
확히 말할 수 있는 분이 성장합니다.

Q 저의 경우에도 여러 사람한테서 문의 전화가 걸려왔습니다만, 친구한테 듣고 암웨이 비즈니스를 하고 싶지만, 암웨이는 어떤회사이며 위험한 곳은 아닌지 라는 내용이 많았습니다. 극단적으로 말씀드려서 동기는 돈을 벌고 싶다는 것이 대부분이었습니다.

나까지마 가오루

A 지금보다 좀더 나은 수입을 바라는 것이죠. 그것이 가장 많지 않습니까. 나 자신도 '수입을 더 원했고 억만장자가 되고 싶다' 는 기분으로 암웨이 비즈니스를 시작했기 때문입니다.

내가 '억만장자' 라는 단어를 사용하거나 노골적으로 돈에 대한 이야기를 하면 망설이는 사람이 많이 있습니다만, 나는 반대로 그런 분들을 이해할 수 없습니다. 나는 돈이란 것은 '예산' 이라고 생각합니다. 가령 '효도 여행으로 부모님을 오스트레일리아로 모시고 가고 싶다' 고 생각하면 당연히 돈이 듭니다. '그럼 당신은 1년 동안에 얼마 정도의 예산이 필요한가' 라고 물어왔을 때 나는 '이 정도의 돈이 있으면 좋겠다' 고 생각하는 것입니다.

다른 사람 입장에서 보면 억이라든라 허황된 금액을 말한다고 생각할지 모르지만, 나한테는 허황된 것이 아닙니다. 나에게 필요한 예산입니다. 나는 돈이라는 것에 대해서 매우 분명합니다. 남 앞에서 '돈을 벌고 싶다' 는 것은 결코 부끄러운 일이 아닙니다. 그것이 어떤 목적으로 어떤 일에 사용하기 위해 돈을 벌고 싶다는 것이 분명한 사람은 반대로 멋있다고 생각합니다. 요컨대 돈을 벌었을 때 돈을 어떻게 유용하게 사용하느냐가 문제가 되겠지요. 벌기위해서 머리가 있고 사용하기 위해서 가슴이 있는 것입니다.

암웨이 비즈니스는 하면 그만큼의 수입이 있는 비즈니스이기 때문에 도전하고 싶은 사람에게는 최고의 비즈니스 찬스라고 생각합니다.

성공하는 사람은 남을 도울 줄 아는 사람

Q 암웨이 디스트리뷰터로서 성공하는 데는 인간관계가 매우 중요하군요. '암웨이 디스트리뷰터가 되고 싶다. 나도 해보고 싶다' 고 하는 사람 중에서 성공하는 타입과 그렇지 못한 타입이 있습니다. 성공하기 위한 어떤 비결이 있는지요?

A 남을 배려할 줄 아는 사람이라면 대부분 성공하지 않을까요. 이 비즈니스는 자신의 성공만 생각하면 매우 어려운 점이 많습니다. 네트워크이기 때문에 자신의 일밖에 생각지 않는 사람은 '나는 저 사람을 위해 일하고 있는 것은 아니다' 라고 생각해 버리죠.

'우선 동료부터 성공시키고 싶다' 고 생각하는 것이 이 비즈니스의 기본입니다. 이런 개념이 정확히 서 있으면 반드시 성공하지 않을까요?

Q 나까지마씨에게는 '나도 해보고 싶다' 고 하는 사람이 많이 찾아오리라 생각합니다만, 그런 사람에게는 '부디 해보세요' 라고 격려를 해 주는지요?

A 참가하는 것 자체에는 아무런 위험 부담이 없습니다.

고품질의 제품을 사용하고 싶어하는 사람에게는 매우 좋은 기회이고 회원이 되길 거부하는 것은 상관없습니다. 사람에 따라서는 자신은 비즈니스를 하는 것에 별로 관심이 없지만, 제품이 매우 좋기 때문에 연말이나 명절 때 선물로 사용하고 싶다거나 암웨이 제품을 싸게 구입하고 싶다는 사람도 있습니다.

나와 같이 네트워크를 확실히 구축함으로써 얻을 수 있는 수입에 의해 풍요로운 라이프 스타일을 실현하고 싶다고 생각하는 사람도 있습니다.

그러므로 암웨이를 하고 싶어하는 분에게는 부디 해보시라고 말합니다만, 수상쩍게 생각하는 분에게는 그다지 들어오길 바라지 않습니다. 이미지도 있기 때문입니다. 이런 비즈니스는 이미지가 매우 중요합니다.

Q 오랜 세월 일하다 보면 대충 만나보면 알 수 있습니까?

A 그렇습니다. 역시 인상에서 나타납니다. 밝은 느낌이 있는 사람이라면 대체로 좋지 않을까요.

Q 갓 시작한 젊은 디스트리뷰터 중에는 지금 나까지마씨가 한 이야기를 오해하고 '암웨이 디스트리뷰터가 되면 돈을 벌수 있다'는 말 때문에 문제가 발생한 케이스도 있는 것같습니다. 신참 디스트리뷰터에게는 어떤 교육을 하고 있습니까?

A 우선 제품을 설명하는 시점에서는 무리한 말은 하지 않습니다. 지금 당장 벌 수 없습니다. 그런 것은 구조를 알아야 이해할 수 있습니다만, 금새 돈을 벌 수 있을 것같은 설명은 피하고 있습니다.

어떤 비즈니스라도 그렇습니다만, 자신이 예상한 것이 틀릴 수 있다고 생각합니다. '이 일이라면 괜찮겠지'라고 예측한 것이 빗나간 경우 보통의 비즈니스였다면 도산합니다. 그것은 본인의 시행착오였기 때문에 누구를 원망할 수 없습니다. 암웨이의 경우 예상한 것이 빗나가 손해를 보게 되면 현금변제보증이라는 훌륭한 제도가 있기 때문에 위험부담이 없습니다. 암웨이 비즈니스를 그만하고 싶다고 할 때는 이러한 제도를 사용하면 됩니다.

"재고를 떠맡고 어려움에 처해있는 사람이 있다."고 하며 암웨이 비즈니스를 비판하는 사람이 있지만, 지체없이 반환하면 되기 때문에 어려움을 겪을 필요가 없습니다. 저희들도 '반환하도록' 지도하고 있습니다. 암웨이 본사에서도 "만약 불량재고를 떠맡은 경우에는 반품을 마음껏 해주십시오."라고 합니다. 이 비즈니스로 인해 위험부담을 짊어져서 불행한 사람이 나오는 일은 본래 있을 수 없습니다.

디스트리뷰터는 개개인이 사업주

Q 일본 암웨이에 의하면 금년 8월말 시점에서 갱신 디스트리뷰터 수가 백만조를 넘었다고 합니다. 압도적인 숫자로 세계의 톱입니다만, 아직 늘어날 가능성이 있습니까?

A 나는 아직 증가하리라고 생각합니다. 암웨이가 굉장한 비즈니스라는 것을 정말로 이해하는 사람이 나오면 더욱 더 증가하겠지요.

Q 제품이 좋기 때문입니까?

A 제품의 영향도 있습니다만, 계속해서 다른 사람에게 고용되어 있는

사람이 인생을 살아가는 중에 "이대로 좋은가. 뭔가 내 일을 시작해야 되지 않을까."라는 생각을 할 때가 있겠지요. 그러한 사람들이 지금까지 미심쩍게 생각했던 암웨이라는 것이 건전한 사업으로 위험부담이 없다는 것을 알게 되면 암웨이 비즈니스를 해보고자 하는 사람도 나올거라고 생각합니다.

Q 암웨이 시스템의 독특한 점은 나까지마씨를 비롯해 디스트리뷰터 여러분은 암웨이 사원이 아니고 모두 독립된 사업주로 암웨이와 독점 계약을 맺은 것입니다. 그럼에도 불구하고 다른 회사 제품을 취급하는 사람은 없는지요
A 없다고 생각합니다. 취급할 의미도 없습니다.

Q 이런 독특한 시스템을 어떻게 생각합니까?
A 대단히 멋있는 시스템이라고 생각합니다. 또한 지금 당장이라도 시작할 수 있는 일이라는 점이 매력적이며 하고 싶은 사람과 함께 일할 수 있다는 것도 근사하지요. 암웨이의 경우는 사용해 본 사람이 사용했을 때의 기분이라든가 제품의 장점을 정확히 데몬스트레이션을 하거나 가르쳐 주기 때문에 신뢰할 수 있는 사람한테서 믿을 수 있는 제품을 구입하는 것이지요.
　구입한 제품이 좋은지 어떤지 잘 모르고 사용하는 사람은 세상에 많이 있습니다. 암웨이에 관해서는 제품의 가치를 알고 사용하는 것이기 때문에 사용할 때의 느낌도 좋고 기분도 풍요로워집니다.

Q 일본에서 이만큼 성공한 배경은 무엇입니까? 암웨이는 세계 각국에 진출해 있습니다만, 압도적인 성공을 거둔 곳은 일본입니다. 일본에서 이만큼 성공한 이유가 어디에 있다고 보십니까?
A 나는 해외 문화를 연구한 적은 별로 없지만, 가령 프랑스라면 어떻겠습니까? 자신의 주변에서 누군가 성공자가 나왔을 때 저렇게 되고 싶다고 생각하고 자신도 망설임 없이 시작할 수 있는 타입일까요? 저 사람은 저 사람, 나는 나라며 딱 잘라 말해 버리는 타입일까요? 그러한 국민성의 차이가

있다고 생각합니다. 암웨이 비즈니스는 '함께 한다'는 의식이 매우 중요하기 때문에 "자, 그럼 자네와 함께 해볼까?"라는 식으로 됩니다.

다른 나라와 일본의 결정적인 차이점은 계열입니다. 가령 '나까지마 가우루 그룹'은 타 계열의 그룹과도 사이가 대단히 좋습니다. 다른 나라에서는 전혀 생각할 수 없는 일이 아닐까요. 좀 믿을 수 없는 광경입니다만, 다른 그룹의 동료가 함께 미팅을 할 때도 있기 때문에 모두 사이가 좋습니다.

Q 서로 사이 좋게 일한다는 것은 나까지마씨의 리더십 영향이 크겠지만, 보통 그룹 동료끼리 갈라놓기 위해 대립하는 케이스가 많습니다. 그런 일은 일어나지 않았습니까?

A 발생하지 않았습니다. 그래서 다른 나라의 암웨이 사람들도 이상하다고 생각합니다. "다른 그룹의 미팅에 가서는 안 된다."는 것을 확실히 말해 두는 나라도 있습니다만, 그룹끼리 대립한 적은 일본에서는 없었습니다.

Q 대단한 통솔력이 필요하다고 생각합니다만, 사이좋게 만들기 위해서 어떠한 일에 유의하고 있습니까?

A 커뮤니케이션을 빈번히 하고 있습니다. 그리고 리더가 자신의 가치관을 강요하기보다는 자신이 솔선수범하여 성공한 것을 보여 주는 쪽이 암웨이의 경우는 효과가 있습니다.

그러므로 나의 경우는 리더 스스로가 솔선하고 있는 사람보다도 더 활동합니다. 내가 지금 가장 많이 활동하는 것이지요. 내가 활동하고 있는 모습을 보았을 때 나의 네트워크 사람들은 "나도 해야겠다."고 생각하지 않을까요.

Q 활동한다는 것은 스폰서십을 강화하는 일을 의미합니까?

A 그렇습니다. 결과적으로 내가 가장 앞에 나와 있기 때문이지요. 암웨이 사상 전례 없는 결과를 낸 것입니다. 그것은 내가 일 이외에는 달리 한 것이 없고 꾸준히 한 단계씩 성취해 온 것 밖에는 없기 때문입니다.

암웨이 창업자인 리치 디보스는 자주 "You can do it.(당신이라면 할 수 있다)"이라는 말을 하면서 그 뒤에는 반드시 "I will show you.(내가 먼저 해 보이겠습니다)"라고 덧붙였습니다. 리더가 솔선하지 않는 한 그룹의 어느 누구도 따라오지 않는다는 것입니다.

결의와 목표는 같은 지점

Q 나까지마씨 그룹의 다이아몬드 디스트리뷰터는 40계열이군요. 40계열의 톱 리더들이 중요한 역할을 다하는 것인가요?

A 내가 40계열의 팀을 만들었지요. 이것은 피라미드가 아니기 때문에 성공할 사람이 어느 포지션에 있는지 나 자신도 모릅니다. 내가 전달한 사람으로부터 10대 이하의 사람이 엄청난 업적을 낼 가능성도 있는 셈이지요. 위에서 순서대로 돈을 벌 수 있는 시스템이 아닙니다.

Q 나까지마가 정상에 오른 비결은 무엇입니까?

A 자신이 결의한 것에 대해 그 가능성을 느낄 수 있는지에 달려 있습니다. 나는 항상 자신이 분발하자고 결의한 것에 관해서는 결의와 성공은 같은 지점에 있다고 생각합니다.

'결의와 목표는 같은 지점'이라는 것이 나의 신념입니다. 신념이 있는 사람과 하고자 하는 의지가 있는 사람이라면 누구나 성공할 수 있다고 생각합니다. 그 다음은 배려하는 마음입니다.

Q 암웨이 비즈니스의 장래성을 어떻게 보고 있습니까?

A 전망은 밝습니다. 앞으로 더욱 더 신장할 것이라고 생각합니다. 나오길 바라는 제품이 아직 대부분이 나오지 않았습니다. 그러므로 가능성은 굉장하지 않을까요.

이 비즈니스는 세계를 무대로 하는 일이기 때문에 가능성은 무한합니다.

거주하는 곳은 도쿄인지 모르지만, 어느 누구든 자신의 그룹이 브라질에 큰 그룹을 만들 가능성이 있을 것입니다. 바로 이 점이 다른 비즈니스에서는 생각할 수 없는 가능성의 크기가 아니겠습니까?

Q 더블 크라운 앰배서더라는 목표를 달성하여 넘버원에서 온리 원(Only One)이 되었습니다만, 다음의 목표는?

A 없습니다. 더블 크라운 앰배서더 자체도 본래 없는 것으로 회사에서 배려해 만들어 준 것입니다.

Q 그럼 이번에는 트리플 크라운 앰배서더라는 것은?

A 하면 만들어 줄지도 모르겠지만, 회사도 좀 곤란하지 않을까요(하하). 더블 크라운 앰배서더라는 것은 암웨이 세계에서는 좀처럼 믿을 수 없는 레벨의 일이기 때문이지요.

성공한 사람은 사회에 환원해야 한다

Q 암웨이는 환경보호, 지역공헌 등을 기업 이념으로 삼고 있습니다만.

A 인간으로서 풍요로워졌을 때 그것을 사회에 환원하지 않으면 벌을 받는다고 나는 생각합니다. 성공한 사람은 어딘가로 환원하지 않으면 다음 성공을 약속받을 수 없다는 방정식을 내 나름대로 믿고 있습니다.

Q 나까지마씨는 맹인 인도견 협회에 매년 기부한다고 합니다만, 어떤 동기가 있었습니까?

A 5년 전의 일입니다만, 마침 비행기로 나리타 공항에 도착했을 때 여러 사람이 우르르 몰려들어 짐을 찾고 있는데 큰 개가 나타났습니다. '개가 비행기에 탔나 보다'라고 생각하며 자세히 보았더니 보통 개가 아니고 맹인 인도견이었습니다. 눈이 부자유한 사람을 데리고 앞장서서 그 사람을 가장 먼저 내리게 한 것입니다.

인간의 눈을 대신해서 움직이고 있기 때문에 이러한 개가 더 많으면 편리하겠다고 생각했습니다. 인도견을 한 마리 육성하는 데 3백만엔이 든다고 합니다. 내가 할 수 있는 범위에서 도와주고 싶다고 생각한 후로 시작했습니다.

Q 현재 연간 얼마나 기부하고 있습니까?

A 5백만엔 정도씩 합니다. 그 외에는 해마다 다른 형태로 하고 있습니다. 가령 고베 대지진 때에는 3백만엔 정도를 기부하고 올림픽 조성금을 위해서도 3백만엔 가량 기부했습니다.

Q 그런데 창업자 리치와 제이와의 만남은 언제 쯤이었습니까?

A 1985년경이니까 내가 다이아몬드 DD 레벨이 되었을 때군요. 그때 리치가 일본에 와서 첫 대면을 했지요.

핀 레벨이 올라감에 따라서 함께 있는 기회가 많아졌습니다. 작년에는 자택에 초대받아 함께 식사를 했습니다.

농구시합에도 데려가 주었습니다.

Q 어떤 인상을 받으셨습니까?

A 나는 '신'이라는 말은 별로 사용하지 않지만 그러한 느낌의 사람이 있다면 그분이 아닌가 생각합니다.

Q 제이는 어떻습니까?

A 리치와는 타입이 다릅니다. 성품이 온화한 분이지만, 통찰력이 뛰어난 것 같습니다.

Q 암웨이 코포레이션이나 일본 암웨이 대해 뭔가 불만이나 주문은 있습니까?

A 나는 그런 불만은 없습니다. 의외로 회사에 대한 충성심이 강합니다. 단, 일본 암웨이 사원들이 어디까지 디스트리뷰터의 입장을 생각하고 일을 하는지에 대해 생각하는 점이 과제가 아닐까요.

Q 일본에서도 전통적인 점포판매 대신에 방문판매라든가 통신판매를 적극적으로 육성해 왔습니다. 그점에 대해 어떻게 생각합니까?

A 그렇습니다. 암웨이의 경우 사람과 사람의 커뮤니케이션을 중요시 하는

비즈니스입니다. 그러므로 물건을 구입할 때 슈퍼마켓에 진열된 물건을 집어들고 돌아오는 것과는 조금 달리, 우리들의 따뜻한 마음을 제품 하나하나에 담아 전달하는 것입니다.

암웨이와 같은 유통 스타일은 점차 흥미를 유발시키고 주목받게 되리라 생각합니다. 우리들은 단지 물건을 파는 것이 아니고 부가가치를 팔며 라이프 스타일을 파는 것입니다.

앞으로 다가올 시대에는 부가가치가 시원치 않은 것은 사라져 가리라 생각합니다.

● ●

암웨이의 디스트리뷰터 시스템은 스폰서 활동과 소매활동의 실적에 따라서 핀 레벨이라 불리는 '직급' 이 상승해 가는 구조이다.

핀 레벨은 실버 프로듀서핀, 골드 프로듀서 핀이 있고 본격적으로 암웨이 비즈니스에 참여하는 다이렉트 디스트리뷰터(DD) 레벨에 이른다. 일본 암웨이의 1백만조 이상의 갱신 디스트리뷰터 가운데 DD 레벨의 디스트리뷰터는 겨우 8, 500조 정도이다.

DD 중에는 루비, 사파이어, 에메랄드, 다이아몬드, 이그제큐티브 다이아몬드, 더블 다이아몬드, 트리플 다이아몬드, 크라운 등이 있고 최고의 핀 레벨은 크라운 앰배서더로 되어 있다.

미국의 디스트리뷰터

바니 한센

암웨이의 '퍼스트 레이디' 바니 한센은 85세인 지금도 현역이다. 창업자 제이 밴 앤델과 리치 디보스가 암웨이 비즈니스를 시작하기 전부터 두 사람을 알고 있던 바니 한센은 1995년 9월 21일에 미시건주 에이다의 암웨이 코포레이션 근처에 있는 오피스에서 필자의 인터뷰에 응했다.

다음은 이 인터뷰를 바탕으로 기사화한 일본공업신문의 암웨이 특집(95년 10월 16일자)에서 옮겨 실었다.

바니 한센

"저는 딕과 스티브가 어린아이일 적부터 알았어요. 두 사람 모두 우수하고 비즈니스 훈련도 충분히 받았습니다. 게다가 훌륭한 선생님이 옆에 있기 때문에 아무런 걱정도 하지 않습니다."

암웨이 창업시부터 디스트리뷰터이고 암웨이의 '퍼스트 레이디' 라고 불리는 바니 한센은 암웨이 코포레이션 근처에 있는 사무실에서 새로운 체제로의 이행에 대해 이렇게 말했다.

베를린에서 열린 독일 암웨이 디스트리뷰터 대회에 참석한 후 어젯 밤(9월 21일) 막 귀국한 한센. "대단한 열기였습니다. 암웨이 비즈니스에 대해 80분간 연설했습니다만, 나의 이야기는 항상 똑같습니다. 리치와 제이가 입버릇처럼 말했던 성실, 충성, 신뢰야말로 암웨이 비즈니스의 성공의 열쇠라는 것입니다."

상체를 반듯이 펴고 시원시원한 어조로 대답하는 한센의 얼굴에서 여행의 피로를 조금도 느낄 수 없었다.

이야기는 자연스럽게 '훌륭한 교사' 암웨이의 창업자인 리치 디보스와 제이 밴 앤델과의 만남으로 이어졌다. 1959년 두 사람이 암웨이를 창업하기 수년 전의 일이다.

"당시 오하이오주에 있던 나의 집에 젊은 사람이 찾아와 '확실한 비즈니스가 있으니 아주머니께서 부부를 6쌍만 모집해 주십시오'라고 했어요. 그때 리치는 23살로 제이와 함께 다이렉트 셀링으로 영양보급식품을 판매하는 회사의 디스트리뷰터를 하고 있었습니다."

"리치는 매우 유능하고 젊음과 패기가 넘쳤어요. 제이는 조용한 성품으로 사려가 깊었고 명석하고도 좋은 사람이었지요. 무슨 일이든 둘이서 상담하고 결정하지요. 처음에는 반신반의 했습니다만, 나도 남편과 함께 새로운 비즈니스를 시작하려고 생각하고 있을 무렵이었기 때문에 바로 암웨이 디스트리뷰터가 되었습니다."

한센은 경력이 많을 뿐 아니라 매출액도 톱 클라스였다. 암웨이의 디스트리뷰터 조직 내에서 크라운이라고 불리는 최고의 위치에 있고 미국 전역 디스트리뷰터의 거의 반수가 그녀의 네트워크 멤버라고 한다.

매년 일본을 방문한다고 하는 한센. 일본 이야기가 나오자 "일본의 디스트리뷰터 중에는 많은 친구가 있습니다. 에이다에서 디스트리뷰터 대회가 있으면 일본의 많은 분들이 이곳을 찾아옵니다. 어떤 사람들은 정말로 열심히 활동합니다. 우리들도 그런 분을 본받을 필요가 있습니다."라며 눈을 빛냈다.

사무실 안에는 일본의 디스트리뷰터가 선물한 큰 부채가 장식되어 있었다. 마지막으로 우문현답 두 가지.

젊음을 유지하는 비결은 무엇입니까?

"항상 다른 사람의 성공을 도와준 것과 질투심을 갖지 않는 것인지도 모르지. 돈보다도 일에 대한 긍지를 갖는 것이 중요해요."

언제까지 현역으로 있을 예정입니까?

"몸을 움직일 수 있는 한 일을 계속할 생각입니다. 매일 행복합니다. 일본에는 나보다 위인 크라운 앰배서더 나까지마 가오루씨가 있기 때문에 여기에 도전할 예정입니다."

루이스 부부

　암웨이 기본 이념의 하나로 '지역 공헌활동'을 들 수 있다. 디스트리뷰터 가운데도 지역 공헌활동을 자발적으로 실시하는 사람이 많다. 루이스 부부는 그 중에서도 대표적인 인물이다. 부부는 여러 가지 어려움을 극복하고 암웨이의 톱 디스트리뷰터가 된 후 연간 수입의 10~15%를 지역을 위해 기부하고 있다고 한다.

　필자는 1996년 6월 24일 미시건주 빅 래피즈 자택에서 부부와 인터뷰했으며, 그 내용이 같은 해 9월 2일자 일본공업신문의 암웨이 특집으로 게재되었다. 그 기사를 여기에 옮겨 실어 보았다.

루이스 부부

"암웨이 디스트리뷰터가 된 것은 19년 전 일입니다. 어려운 사람들을 돕기 위해서는 부자가 되어야 한다는 리치의 말이 계기가 되었습니다."

　암웨이의 본거지 미시건주에 있는 아담한 자택에서 톱레벨의 디스트리뷰터인 데이브 루이스(45세)와 부인 마지(42세)는 번갈아가며 이야기했다.

　부부의 자택은 그랜드 래피즈에서 북쪽으로 80km 떨어진 곳에 있는 빅 래피즈. 상위 다이아몬드 디스트리뷰터로 루이스 부부의 네트워크에는 10명의 다이아몬드 레벨과 약 10만명의 디스트리뷰터가 있다고 한다.

　암웨이 디스트리뷰터가 되기 전 데이브는 푸드체인의 경영자, 마지는 치과 위생사로 일했다. 그런데 데이브는 지병인 척추의 상태가 악화되어 3번

이스터실즈 단체 내의 천진난만한 어린이들

에 걸친 수술을 받았다. "거의 4개월간 수입이 제로인 상태가 계속되자 가계를 비롯해 토지, 집, 차 등 전부 처분해 생활비를 충당했습니다."(데이브)

부부의 인생에 있어서 전기가 된 1979년. 암웨이 창업자의 한사람인 리치 디보스로부터 암웨이 비즈니스의 이념을 들은 데이브가 "우리들에게는 이미 가진것이 아무것도 없으니, 암웨이 비즈니스라도 시작해 보지 않겠소?"라고 마지에게 상담을 했다. 1년 반 정도 되었을 때 마지도 일을 그만두고 부부가 같이 암웨이의 '전업' 디스트리뷰터가 되었다.

부부의 지역공헌 활동은 두 사람이 독실한 기독교 신자라는 것을 빼놓고는 이야기할 수 없다. "우리들에게 가장 중요한 것은 하나님(기독교)이며 다음은 가족, 비즈니스 순입니다. 기독교 신자로서 수입의 얼마를 지역의 어려운 사람들을 위해 사용하는 것은 당연한 일입니다."라고 마지는 말한다.

부부가 특히 관심을 갖는 사람은 미국의 다음 세대를 짊어질 청소년들이다. 여름에는 호반에 캠프를 치고, 불우한 청소년들을 초대해 캠프파이어를 개최한다. 또한 장애인 지원단체인 '이스터실즈'에 대한 지원도 열심이다. 매주 토요일 오후 10시부터 일요일 오전 10시에까지 '워크 마라톤'이라 불리는 모금운동을 전개해 모인 돈을 이스터실즈에 헌납하고 있다.

부부에게는 티나(19세), 제니퍼(16세, 고교 2학년)라는 이름의 두 딸이 있다. 마지는 "우리들이 가장 기쁜 것은 딸들이 캠프파이어 할 때 같이 참석해 자원봉사자로 활동해 주는 것입니다. 티나는 지금 우리들의 사무실에서 일하고 있습니다."며 기쁜 듯이 이야기한다.

일본의 디스트리뷰터에게 전하고 싶은 말은?

"이제 조금 돈을 벌고 싶다는 동기에서 디스트리뷰터가 된 것은 모두 마찬가지입니다. 단 리치의 책에 있는 것같이 '더불어 사는 자본주의'가 암웨이 비즈니스의 원점이라는 것을 잊지 않길 바랍니다."(데이브)

"암웨이의 디스트리뷰터는 지역의 규범에 따라야 합니다. 자신이 거주하는 지역의 주민들로부터 존경받는 것이야말로 비즈니스에서도 성공하는 원동력으로 작용할 것입니다."(마지)

제3장 두 사람의 창업자

암웨이 코포레이션 현관에 있는 제이와 리치의 동상

암웨이는 1959년에 제이 밴 앤델 , 리치 디보스 두 사람에 의해 창립된 벤처 기업이다. 두 사람은 1995년 9월에 경영의 제일선에서 물러났지만, 지금도 제이와 리치의 발언과 존재는 절대적이다.

암웨이주의라고 불리는 디스트리뷰터에 의한 다이렉트 셀링 방식도 제이와 리치의 아이디어로 만들어졌다.

한편, 암웨이의 기업이념인 환경보호 활동과 지역공헌 활동도 두 사람의 철학을 반영한 것이다.

두 사람의 생애와 암웨이주의는 어떤 배경에서 탄생된 것인가. 이것은 리치가 1993년에 발간한 자전적 회상록 〈컴패셔니트 캐피털리즘〉(일본어판·암웨이 주의. 감수자 주:한국에서는『더불어 사는 자본주의』라는 제목으로 출간된 바 있음)에 자세히 수록되어 있다.

암웨이는 오늘날도 '제이와 리치의 회사' 이다.

암웨이주의

아메리칸 웨이

암웨이 비즈니스를 일관하는 기본 이념은 사유권과 자유기업을 토대로 한 '배려하는 비즈니스' (감수자 주:한국에서는 주로 '더불어 사는 자본주의' 로 통칭됨)이다. 창업자인 제이 밴 앤델 와 리치 디보스의 신조를 반영한 것은 말할 것도 없다.

'배려하는 비즈니스' 란 무엇인가. 리치의 자전적 회상록 『더불어 사는 자본주의』에서는 제이와 리치의 확고한 신념이 글 속에 잘 드러나 있는 것 같다. 암웨이라는 회사명 자체가 '아메리칸 웨이' (미국식 생활방식)의 약칭이며 암웨이 비즈니스는 미국의 건국정신 그 자체이다.

더구나 이 책에서는 암웨이의 기본 이념인 지구 환경보호에 대한 열의와 지역공헌 정신에 관해서도 곳곳에서서 열심히 말하고 있다.

암웨이 철학을 해석하는 데는 리치의 자전적 회상록 이상의 것은 없다. 이 책을 자세히 소개하겠다.

리치는 우선 서론에서 암웨이의 창업 연도인 1959년에 쿠바혁명을 일으킨 피델 카스트로의 공산주의 정권이 미국의 뒤뜰에 탄생한 것을 '운명적인 도전' 이라고 받아들이고 다음과 같이 서술하고 있다.

"1959년 1월 16일 피델 카스트로와 공산주의 혁명을 일으킨 사람들은 쿠바의 지배권을 잡고 풍요로운 섬나라의 경제를 부흥시킨다고 약속했다. 그와 같은 주에 제이와 나는 에이다 자택의 지하실에 암웨이 코포레이션을 설립했다. 당시 사회주의는 '세계경제의 큰 희망' 이라고 보여 자유기업은 쇠퇴했다. 적어도 제이와 나는 많은 사람들로부터 그렇게 충고 받았다. 미국의 자본주의는 쇠퇴하고 소련과 중국이 수출하는 공산주의가 전세계적으로 승리할 것이 틀림없다고 하는 사람도 있었다. '자본주의는 우리들을 실망시켰다. 유일한 희망은 사회주의뿐' 이라고 하는 사람까지 있었다. 우리는 이러한 의견에 귀기울이면서도 추호도 흔들림 없이 사업을 개시했다."

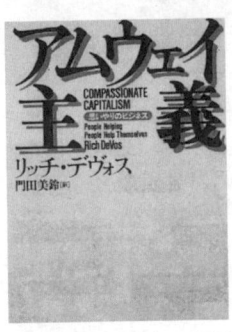

이와 같이 이 책에 일관된 사상은 공산주의적 통제경제의 부정과 자유주의 경제의 우위성에 대한 강렬한 자신감과 신념이 엿보인다.

'암웨이주의'는 4부 16장으로 구성되어 각 장의 첫머리에는 '신조'라고 이름 붙여진 암웨이 철학이 열거되어 있다. 이 16항목의 신조는 '암웨이 헌법'이라고 할 수 있기 때문에 제이와 리치의 창업정신이 전해져 오는 것 같다.

일본어판 『컴패셔니트 캐피털리즘』
(1993년 간행) '신조'

각 부, 각 장의 타이틀과 신조를 인용하면 다음과 같이 되어 있다.

[제1부] 새로운 인생을 향해

1장 꿈을 실현하고 싶다면
〈제1조〉 우리들은 남자나 여자나 어린이 모두 신의 모습을 닮게 만들어졌고 그 때문에 각각 가치와 존엄과 가능성을 갖고 있다고 믿는다. 그러므로 자신과 다른 사람을 위해 훌륭한 꿈을 품을 수 있는 것이다.

2장 자신을 정직하게 바라 보자.
〈제2조〉 우리들은 대부분의 인간이 가능성을 충분히 발휘하지 못하고 게다가 도와주는 실제적, 현실적인 도움은 모두 어렵다고 믿는다. 그러므로 우리들은 자기 자신이 어떤 상태에 있고, 어떻게 존재하고 싶은 것인가, 거기에 도달하려면 무엇이 필요한지를 정직히 바라볼 필요가 있다.

3장 당신은 인생을 어떻게 살고 싶은가?
〈제3조〉 우리들은 일이 잘 되는 것은 우리들이 가장 중요하다고 생각하는 것 즉 하나님과 국가, 가족, 친구, 학교, 일들을 둘러싼 생활이 안정되어 있을 때라고 믿는다. 그러므로 우리들은 어떻게 되고 싶다든가, 무엇을 하

젊은 날의 제이(오른쪽)와 리치

고 싶은지를 결정하고 그것에 의해 목표를 세울 필요가 있다.

4장 돈이 전부는 아니다. 그러나

〈제4조〉 우리들은 가계를 일으키는 것은 자신들이 원하는 생활을 하기 위한 첫걸음이라고 믿는다. 그러므로 우리들은 불필요한 경비를 없애기 위해 필요한 지출비의 우선순위를 정할 필요가 있다.

[제2부] 스타트는 지금

5장 당신은 지금 일에 만족하고 있는가?

〈제5조〉 우리들은 일하면서 자유와 보수를 얻을 수 있고 더구나 '희망'을 얻을 수 있는 경우에만 일에 보람을 느낀다고 믿는다. 그러므로 현재의 일에 만족할 수 없으면 가능하면 빨리 그 일을 그만두고 만족할 수 있는 일을 시작할 필요가 있다.

6장 자본주의를 알자.

〈제6조〉 우리들은 자본주의(자유기업 시스템)를 믿고 있다. 경제부흥에 대한 큰 희망을 주기 때문이다. 그러므로 자본주의란 무엇인가. 어떤 활동을 하는 것인가를 알 필요가 있다.

7장 ' 더불어 사는 자본주의' 란 무엇인가?

〈제7조〉우리들은 '더불어 사는 자본주의'를 실천하는 것이 정말로 성공을 거두는 비결이라고 믿는다. 그러므로 우리들은 매일 이렇게 자문할 필요가 있다. "함께 일하는 사람들, 상품 공급자, 고객, 더구나 경쟁 상대까지 포함해 나는 얼마나 배려심을 갖고 대하고 있는 것일까."

8장 자영 비즈니스를 시작하자.

〈제8조〉우리들은 자영 비즈니스를 갖는 것은 자유와 경제적인 안정을 얻기 위해 가장 좋은 방법이라고 믿는다. 그러므로 자영 비즈니스를 시작하는 것 또한 현재의 일을 더욱 창업적으로 하는 것을 신중히 생각해야 한다.

[제3부] 성공에 대한 시나리오

9장 자신을 믿자.

〈제9조〉우리들은 목표를 달성하기 위해서는 긍정적이며 희망에 찬 태도로 임해야 한다고 믿는다. 그러므로 지도자의 도움을 얻어 계획을 세워야만 한다.

10장 좋은 지도자를 찾아내자.

〈제10조〉우리들은 배려심 있는 자본가로 성공하기 위해서는 경험이 풍부한 지도자가 이끌어 주어야 한다고 믿는다. 그러므로 우리들은 달성하고 싶다고 생각한 것을 이미 성취한 존경할 만한 사람을 찾아, 목표에 도달할 수 있도록 도와달라고 부탁할 필요가 있다.

11장 꿈을 달성할 플랜을 만들자.

〈제11조〉우리들은 성공하는 것은 목표를 세워 근면하게 그 목표를 달성하려고 노력하는 사람뿐이라고 믿는다. 그러므로 조력자의 도움을 얻어 지금 바로 장기, 단기 목표를 세워 각 단계마다 경과를 잘 살펴보고 목표 달성을 축하하고 목표를 달성하지 못한 것부터 배워야 한다.

12장 성공의 열쇠를 손에 넣자.

〈제12조〉 우리들은 목표에 도달케 하는 확고한 자세와 행동, 더구나 사명감이 필요하다고 믿는다. 그러므로 조력자의 도움을 받으면서 성공을 향한 ABC 습득을 시작해야 한다.

〔제4부〕 목표를 향해 가는 길

13장 스스로 도움의 손길을 뻗쳐 보자.

〈제13조〉 우리들은 인간이 스스로 돕는 자를 도와주는 것은 옳다고 믿는다. 우리들이 시간과 돈을 함께 나누어 사람을 지도하고, 가르치고, 격려하는 것은 자신이 받은 것을 되돌려 주는 것뿐이라고 믿는다. 그러므로 조력자가 되어야 한다.

14장 더불어 사는 자본주의를 실천하자.

〈제14조〉 우리들은 스스로를 도울 수 없는 사람을 도와주어야 한다고 믿는다. 그러므로 주는 사람이 되라.

15장 왜 지구를 지키는 것인가.

〈제15조〉 우리들은 지구와 우리의 고향을 살리는 데 힘써야 한다고 믿는다. 그러므로 지구의 친구가 되자.

16장 사는 즐거움을 서로 나누자.

〈제16조〉 우리들은 시간이나 돈을 서로 나누어주고 사람을 도우면 정신적인 충만감과 행복으로 연결되는 사랑의 고리가 생긴다고 믿는다. 그러므로 선행에 힘쓰고 대상의 법칙을 생각해내자.

'자영 비즈니스'의 추천

암웨이 비즈니스를 받쳐주고 있는 디스트리뷰터는 암웨이 사원은 아니다. 각자가 독립된 자영 비즈니스맨이고 암웨이와는 파트너십 관계에 있다. 이 점을 이해하는 것이 암웨이 비즈니스를 아는 열쇠라고 할 수 있다.

리치는 본서 안에서 '자영 비즈니스'에 관해 자신의 체험을 바탕으로 설명하고 있다. 지금으로 말하면 벤처 비즈니스를 권하고 있다.

1929년 미국 주식시장의 대폭락으로 이어진 대공황은 갑자기 전세계를 대혼란으로 빠뜨렸다. 세계 대공황의 발생이다. 그랜드 래피즈에 살던 리치의 부친도 이 대공황의 여파로 실업자가 되었다. 리치의 부친은 식료 잡화점에서 봉지에 밀가루를 채우는 일을 하고 토요일에는 남성복 가게에서 양말, 속옷을 팔고 생계를 꾸렸다. 그때 부친이 리치에게 "자영 비즈니스를 해라 리치. 그것이 자유롭게 살 수 있는 유일한 길이다."라고 충고했다고 한다.

10세의 리치 소년은 가계를 돕기 위해 잔디깎기, 접시닦기, 주유소 점원, 신문배달 등 돈이 되는 일이라면 무엇이든 했다. 이 때 어렸을 때 경험이 리치의 창업가 정신을 길러주었다. 리치는 저서 안에서 창업가를 지향하는 사람들에게 다음과 같은 다섯 항목의 충고를 하고 있다.

① 만약 직업에 관해서라면 자영 비즈니스를 시작할 때까지 그 일을 계속할 것. 밤이나 주말에는 의외로 시간과 에너지가 남아 있기 때문이다.

② 현재의 일을 그만두는 시점은 저수입이라도 일한 만큼의 돈이 모일 때로 한다.

③ 창업자금이 가능한 적게 드는 비즈니스를 찾을 것. 근사한 사무실이나 비싼 시설, 많은 종업원은 필요없다.

④ 제조 또는 판매하고 싶은 상품이나 서비스의 질을 일류로 만들 것. 고객을 속여서는 안 된다. 반드시 실패한다.

⑤ 자신이 무엇을 하고자 하는지를 확실히 하고, 막상 시작하고자 하는

비즈니스에 대해 변호사나 상식이 있고 신뢰할 만한 친구 두 사람에게 상담하는 것이다.

....

본서 안에는 일본인을 포함해서 다수의 성공한 암웨이 디스트리뷰터들의 사례가 소개되어 있다. 그 가운데서 나까지마는 '더불어 사는 자본주의'의 실천가로서 평가를 받았다.

탤런트로 유명한 E · H 에릭은 암웨이의 디스트리뷰터가 된 동기에 관해서 "연기를 하지 않으면 보수는 없고 아파서도 안 된다. 나는 연기를 하지 않고도 여유 있는 생활을 계속할 수 있는 길을 찾고 있었습니다."

또한 행복한 가정에서 자란 이토오 미도리는 "내 수입은 커미션에 따른 것뿐이었습니다. 휴가를 얻어 한가롭게 생활하면 수입도 줄어듭니다."라며 암웨이 디스트리뷰터라는 '자영 비즈니스'를 시작한 동기에 대해 설명했다.

암웨이의 역사

만남은 반세기 전부터

　미국 미시건주 제2의 도시 그랜드 래피즈(인구 약 20만명)에서 자동차를 타고 동쪽으로 약 30분간 가다가 사람들의 왕래가 거의 없는 완만한 언덕을 내려오면 소설『메디슨 카운티의 다리』에 나오는 것 같은 카버 브릿지가 눈앞에 나타난다. 바로 그곳에 암웨이 탄생의 땅 에이다가 있다.

　드디어 시야가 확트이고 하얗고 거대한 건물들이 눈앞에 들어온다. 제이 밴 앤델과 리치 디보스가 창립한 암웨이의 세계 본사(월드 헤드 쿼터즈)이다.

에이다에 있는 암웨이 세계본부 전경

　굉장히 크다. 그 길이를 에이다 사람들은 '기적의 1마일(1.6킬로미터)' 이라고 부르고 있지만, 실제로는 2킬로미터 이상이다. 대지 면적은 121만 4천평방미터, 도쿄 돔의 26배의 넓이이다. 여기에 80동, 32만 6천평방미터의 시설이 즐비하게 서 있다.

　커다란 지구본과 만국기를 보면서 정면의 현관으로 들어가면 제이와 리치의 동상이 있고 로비에는 두 사람의 창업 이야기를 그린 거대한 벽화가 장식되어 있다. 벽화에는 창업 당시의 젊은 제이와 리치, 두 사람의 부인 그리고 양가 4명씩인 아이들의 모습이 그려져 있다. 암웨이가 밴 앤델가와 디 보스가의 패밀리 비즈니스라는 것을 확인하는 순간이다.

암웨이의 역사는 제이와 리치의 만남과 두 사람의 우정에서 비롯된다. 리치 디보스의 『더불어 사는 자본주의』에 의하면 두 사람의 만남은 지금부터 반세기 전인 1940년경에 이루어졌다. 16세의 제이와 2살 아래인 리치는 그랜드 래피즈에 있는 크리스찬 하이스쿨에 다니는 고교생이었다. 유럽에서는 1년 전 9월에 나치 독일에 의한 체코 침공이 있었고 제2차 대전의 암운이 드리워져 있었지만, 멀리 떨어진 그랜드 래피즈는 아직 평화로웠다.

어느날 에이다에서 A형 포드 자동차로 통학하는 제이의 집 근처에 사는 리치가 말을 걸었다.

"매주 25센트를 지불할테니 학교 통학할 때 나도 태워주지 않을래?"라는 리치의 제안에 의해 거래가 성립, 매일 왕복하는 자동차안에서 두 사람은 여러 가지 꿈을 서로 이야기하며 꿈을 키워갔다. 서로 마음이 잘 통한 탓인지 함께 뭔가를 하는 것이 몹시 즐거웠다.

고교 시절의 '초(超)비즈니스'에 관해서 리치는 저서에 이렇게 적고 있다.

"제이가 고학년이었을 때 그의 부친이 우리들에게 일을 주었다. 제이의 부친은 자동차 수리공장과 중고차 주차장을 갖고 있었다. 픽업 트럭 2대를 몬타나주의 고객이 있는 장소까지 운반해 주어야 했다. 우리들은 그 가운데서 1대의 작은 픽업 트럭을 운전해 3주 동안 장장 4천마일(6400킬로)을 달려 서부로 설레이는 여행을 했다. 우리들은 비즈니스를 했다. 자기 자신을 위해 일했다. 타이어가 닳고 울퉁불퉁한 길도 있었지만, 우리들은 여행이 즐거웠다."

두 사람은 고등학교를 졸업하자 캘빈 대학에 들어가 미국 공군과 같은 길을 걸었다. 제2차 세계대전의 종결과 함께 제대, 창업가 정신에 불탄 두 사람의 젊은이는 드디어 꿈의 실현을 향해 행동을 개시한다. 앞으로는 비행기 시대가 올 것이며, 조종할 사람도 몇 백명은 필요할 것이라고 예상했던 두 사람은 비행기 조종학교를 시작하기로 했다.

다시 리치의 저서를 인용한다.

"우리들은 저축한 것을 서로 내놓고 융자를 받아서 파일럿을 고용하고 중고 파이퍼커브를 구입해 '월버라인 에어 서비스'라고 쓴 큰 간판을 내걸었다. 그런데 한 개의 활주로는 진창길이라는 것을 알고 우리들은 작은 비행기에 수상기용 부표를 부착해 근처의 강을 이착륙에 사용했다. 이 최초의 비즈니스는 크게 성공할 수 없었다."

대서양 항해 실패

다음에 두 사람이 시작한 비즈니스는 세계 최초의 드라이브 인 레스토랑(자동차를 몰고 들어가는 식당)이었다. 짝수날은 리치가 햄버거를 굽고 제이가 자동차를 불러들이는 일을 했다. 홀수날은 그 반대로 역할을 분담했다. "우리들은 많이 벌지는 못했지만 꿈을 좇고 있었다. 자신들의 비즈니스를 갖고 자신들을 위해 일했다."(리치의 회상록).

2년 후 1948년, 많은 이익을 남기고 사업체를 매각한 두 사람은 중고 범선 엘리자베스호를 구입해 1년동안 대서양 항해에 나섰다. 대서양 해안을 따라 내려가 카리브해의 섬을 거쳐 남미까지 돛단배로하는 여행이다. 리치의 회상록은 계속된다.

"우리들은 배를 젓는 방법과 범선, 배의 용선계약과 여행 비즈니스에 관한 것을 배웠다. 우리들은 그때까지 돛단배를 조정한 적이 없었다. 한손에는 뱃머리, 한손에 노를 잡고 여행을 떠났다. 그런데 뉴저지 앞바다에서 안개로 인해 길을 잃어버리고 늪지대로 빠져 버렸다. 해안경비대는 어이없어 하면서 우리들을 로프로 끌어당겨 대서양으로 돌려보냈다."

"우리들이 범선 항해술을 몸에 익혔을 때는 낡아빠진 엘리자베스호에 물이 스며들고 있었다. 1949년 3월의 어두운 밤, 하바나에서 하와이를 향해 가고 있을 때 너무 낡은 돛단배가 가라앉기 시작했다. 우리들은 열심히 물을 퍼냈지만 쿠바 북쪽 10마일(16킬로) 지점에서 그만 물 속으로 가라앉아 버렸다. 우리들은 마침 그곳을 지나던 미국 화물선에 구조되었고, 3일 후에 푸에르토리코의 생팬에 내렸다.

'안정된 직장에 정착하라'고 충고해 준 친구들도 있었지만, 우리들은 더욱더 자신들의 비즈니스를 하고자 하는 결의가 굳어졌다. 그 꿈의 목적지가 어디인지는 몰랐지만 우리는 그곳을 향해 달려가기를 희망했다."

아메리칸 드림

그랜드 래피즈에 돌아온 두 사람에게 새로운 비즈니스에 대한 소식이 날아들었다. 로스앤젤레스 근교에 본사를 둔 영양보급식품의 다이렉트 셀링 회사, 즉 뉴트리라이트 프로덕츠의 디스트리뷰터가 되지 않겠냐는 권유였다. 그 회사의 디스트리뷰터가 된 두 사람은 여기서도 뛰어난 수완과 절묘한 파트너십을 발휘해 눈 깜짝할 사이에 가장 큰 디스트리뷰터 조직을 만들었다.

"1959년 뉴트리라이트의 창립자 칼 렌보그씨가 제이에게 사장이 돼 달라고 했다. 제이는 숙고한 끝에 이 권유를 거절했다. 우리들의 꿈이 다시 두 사람을 이어 주었던 것이다. 어떤 장애가 발생하자 우리들은 자신들의 비즈니스를 한 것이다."(리치의 회상록). 1959년 제이와 리치는 나서 자란 에이다에 암웨이 코포레이션을 설립했다. 제이는 35세, 리치는 33세로 최초의 사무실은 두 사람의 자택 지하실이었다.

그 후 암웨이의 역사는 아메리칸 드림을 실현해가는 성공 스토리로서 출발해, 1972년에는 예전에 디스트리뷰터로 활약했던 뉴트리라이트를 매수하는 등 세계기업으로 발돋움했다.

두 사람의 창업자는 1995년 9월에 제일선을 물러나 각자의 장남에게 경영을 맡겼다. 그렇지만 두 사람은 지금도 정책위원회의 일원이며 암웨이의 운명이 걸린 중요 사항에 관해서는 젊은 리더의 자문역할을 하며 어드바이스도 하고 있다. 암웨이에 있어서 제이와 리치는 지금도 절대적인 존재임에는 변함없는 것같다.

근로자야말로 활력의 원천

창업자 리치 디보스씨

1994년 10월 암웨이 코포레이션에서 딕 디보스 사장과 인터뷰를 할 때 리치 디보스 (1926년 3월 4일생. 당시 68세)가 뜻밖에 모습을 보여 즉석에서 인터뷰에 응해주었다. 이 때의 발언 내용은 다음과 같다.

"암웨이 비즈니스의 중심은 디스트리뷰터입니다. 암웨이 성공의 비결은 무엇이냐고 자주 질문을 받습니다만, 단 한마디로 간단히 대답할 수는 없습니다. 단지 우리들은 개개인 한 사람 한 사람이 매우 중요한 일을 완수할 수 있다는 것을 항상 강조하고 있습니다. 우리들은 개개인이 각각 성공을 얻을 수 있도록 지원하고 있습니다.(그는 딕이 의자에 앉아 있는 것을 발견하고 '이런 보스가 저기 있잖아. 나는 슬슬 물러나야 하는 것 아닌가' 하며 웃었다)."

"암웨이를 시작했을 때는 전세계에서 사회주의 운동이 활발했습니다. 정부야말로 미래의 희망이라는 생각이 유력했습니다. 나는 매일 열심히 일하는 근로자야말로 활력의 원천이라고 생각했습니다. 정부가 아니라 노동자가 중심이 되어야 한다는 생각으로 도전을 시도했던 것입니다. 우리들의 철학은 일을 완수하는 것은 사람들이라고 생각했습니다. 매일 몇 천만명의 근로자가 일하고 있습니다. 그들은 자신의 책임을 다하고 있습니다. 그들이야말로 영웅이며 나라의 초석입니다. 암웨이 세계에서는 디스트리뷰터를 중심으로 생각하고 있고 관리 부문의 사람이나 경영자가 중심은 아닙니다. 이 점에 관해서 세계의 많은 회사와 경영방법이 다르다고 생각합니다."

암웨이 코포레이션의 역사

1959년 제이 밴 앤델과 리치 디보스가 미시건주 에이다에 암웨이 코포레이션을 창립. 최초의 암웨이 제품, L.O.C.(다목적 세제)를 판매.

1963년 캐나다 암웨이 개업. 종업원 1300명.

1971년 오스트레일리아 암웨이 개업. 종업원 1,300명.

1972년 뉴트리라이트 프로덕츠사를 자회사로 암웨이 산하에 두다.

1973년 영국 암웨이 개업. 에이다 본사 빌딩 오픈.

1974년 홍콩 암웨이 개업.

1979년 일본 암웨이 개업.

1981년 전세계의 암웨이에서 총 매출액 10억 달러를 달성. 암웨이 그랜드 플라자 호텔 오픈.

1985년 오스트레일리아, 이탈리아, 뉴질랜드, 파나마 4개국에서 암웨이 개업.

1986년 스페인 암웨이 개업. 전세계의 종업원 수가 7,000명으로 확대.

1991년 일본 암웨이가 주식을 공개. 한국 암웨이 개업

1992년 전세계의 종업원 수가 1만명이 되다. 포르투칼, 폴란드, 인도네시아 3개국에서 암웨이 개업.

1993년 딕 디보스가 사장에 취임. 전미 프로 농구협회(NBA)에서 뉴트리라이트의 영양보급식품을 NBA의 공인 비타민제로 사용하기로 합의.

1994년 뉴트리라이트 프로덕츠를 흡수해 암웨이의 제1사업부로 두게 되다.

1995년 (4월) 중국 광동성의 광주시에 중국 암웨이를 설립, 중국에 진출하다.

　　　(9월) 창업자인 제이와 리치가 제일선에서 은퇴. 제2세대의 스티브와 딕이 회장과 사장에 취임.

1996년 중국 · 상하이에 진출. 콜롬비아 암웨이가 개업, 진출한 나라의 수는 42개국이 되다.

환경보호 활동

환경에 관한 사명선언

암웨이 기업이념의 중요한 항목이 되는 것은 환경보호 활동이다. 암웨이의 환경보호 활동은 2가지 항목으로 되어 있다. 한가지는 세계적인 규모로 지구 환경보호를 위해 공헌하는 것이며 또 한가지는 암웨이 제품 자체에서 지구를 오염시키는 프레온 가스 등의 물질을 배제하는 것이다. 이 두 가지에 관해서 소개하고자 한다.

암웨이는 1989년에 '환경에 관한 사명선언'을 발표했으며 전문은 다음과 같다. "암웨이 코포레이션은 세계의 한정된 자원과 환경을 바르게 사용하고 관리해 가는 것은 기업 및 개인의 책임이라고 믿는다. 세계에 2백만조를 넘는 독립된 디스트리뷰터의 다이렉트 셀링 네트워커를 보유한 대기업 소비재 메이커로서 암웨이는 건전한 환경보호 활동의 추진에 대한 스스로의 책임과 의무를 생각하고 실행하는 것이다."

암웨이는 1989년 6월 5일 환경문제에 적극적으로 참여한 조직이나 개인에게 수여하는 '유엔 환경 공로상'을 수상했다. 환경문제에 대처한 적극적인 활동이 평가받은 것으로 기업으로서는 2번째의 수상이었다.

이 상은 이제까지는 칼 세이건, 스웨덴 정부, 굿이어타이어사(社), 〈내셔널 지오그래픽〉지, 케냐 정부, 모리스 스트롱(유엔 환경협회 사무총장) 등이 수상했다.

또한 1992년 3월에 열린 미국 야생동물연맹의 연차대회에서는 '기업에 의한 자연보호 공적상'이 암웨이에 수여되었다. 이 상은 미국내에서 환경이나 자연의 보전에 많은 공적이 있는 기업에게 주는 상이다.

암웨이의 지구 환경보호 활동과 '환경을 생각하는 제품 만들기'의 구체적인 활동으로는 다음과 같은 것이 있다.

지구환경보호활동

▷ 글로벌 릴리프 프로젝트

산림 파괴를 막는 것을 목적으로 미국 산림협회가 실시하고 있는 미국전역의 식수운동. 1억 그루의 나무를 심는다는 미국 산림협회의 프로젝트에 암웨이는 이 활동을 당초부터 적극적으로 참여하고 있는 기업 중 하나이다. 이 목표 달성을 위해 암웨이는 종업원이나 톱 디스트리뷰터에게 묘목을 나누어주고 있다.

▷ 아이스워크의 후원

아이스워크는 세계 7개국에서 모인 8명의 탐험가들이 북극까지 걸어가는 탐험 여행이다. 이 탐험 여행의 목적은 북극 지역의 환경오염 상황을 조사하고 환경보호의 중요성을 세계에 호소하는 것에 있다. 암웨이는 아이스워크를 적극적으로 지원했다.

▷ 에스키모 아트전

암웨이의 환경보호 활동 가운데 현재, 가장 힘을 쏟고 있는 것이 일본 각지를 종단하며 전시회를 개최해 온 '마스터 오브 시 액팅전'(북극의 에스키모 아트전)이다.

알래스카나 캐나다 북부의 원주민인 에스키모의 상아나 돌 조각, 기타 수공예품 등의 전시회에서 암웨이 환경재단이 전적으로 지원했다.

케이시 윈더젬

1989년 6월 6일 세계환경의 날에 뉴욕의 유엔본부에서 최초로 전시된 후, 1992년에 브라질의 리오데자네이로에서 열린 유엔 환경개발 회의(지구 서미트) 회장에도 전시되었다.

1994년 3월 29일부터 일본에서의 전시가 시작되어 도쿄에 이어서 교토, 고베, 삿뽀로로 순회, 같은 해 11월 18일부터는 재차 도쿄 메구로의 아서원에서 〈산케이 신문〉 등의 주최로 전시되었다. 이후 1995년 1월에는 히로시마, 5월에는 후쿠오카에서도 전시되었다.

일본 순회에 있어서 고 후쿠다(福田赴夫) 전수상, 제럴드 포드 전미국 대통령이 명예고문이다.

암웨이 환경재단의 이사로 전시회의 실행위원회 위원인 케이시 윈더젬는 1994년 10월에 암웨이 코포레이션을 방문한 필자에게 다음과 같이 이야기했다.

"히로시마에서의 전시회는 특히 의미가 있다고 생각한다. 에스키모 아트전은 평화의 심볼이며, 원폭으로 희생된 히로시마에서 전시함으로써 평화의 존엄성을 어필하고 싶다. 일본에서의 순회전시는 내년 여름까지 계속되겠지만, 어느 전시장이든 대성황을 이루고 있다. 이 전시회는 환경문제의 중요성을 호소하는 것이 목적이며 부디 일본의 많은 어린이들에게 보여주고 싶다."

환경대책 특별위원회 발족

환경을 생각하는 제품 만들기

암웨이는 1989년에 '환경사명 선언'을 발표함과 동시에 '환경을 생각하는 제품 만들기'를 지향해 사내에 '환경대책 특별위원회'를 발족시켰다.

위원회는 제임스 스토버 부사장을 위원장으로 한 암웨이 본사의 간부 8명과 일본 등 암웨이 해외법인의 대표 4명을 추가한 12명으로 구성되어 있다. 스토버 위원장은 1994년 10월에 위원회의 역할에 대해서 "암웨이는 세계 각국에서 비즈니스를 하고 있지만, 나라마다 환경보호에 관한 성숙도가 다르다. 각각의 나라에 맞는 전략을 짜는 것이 첫번째 목적이다."고 설명했다.

암웨이가 제품을 만드는 데 있어서 환경보호 면에서 실시한 항목에는 다음과 같은 내용이 포함되어 있다.

▷ 생분해성 제품

암웨이사 최초로 세상에 내놓은 제품은 L.O.C. 세제였지만, 이 세제는 발매 당시부터 계면활성제가 포함되어 있고 인산염이나 용제, 부식성 물질은 들어 있지 않았다. 계면활성제는 빨리 분해되기 때문에 호수나 하천의 이상 발포문제는 발생하지 않는다.

▷ 무인산

암웨이의 액체세제 SA8은 무인산염이고 분말세제 SA8에도 무인산염 제품이 있다. 인산염의 극단적인 증가로 인해 몇 개 지역에서 수질문제를 일으키는 원인의 하나로 되고 있다. 암웨이는 인산염이 문제를 일으키는 지역에 대해 저인산염이나 무인산염 세제를 제조하고 있다.

▷ 농축 타입 제품

SA8을 비롯해 암웨이 제품의 대부분은 농축 타입이다. 이것은 소비자에게는 편리하고 경제적일뿐만 아니라 환경면에서도 뛰어나다. 농축 타입의 제품은 오래 쓰고 처분할 용기도 적다. 암웨이 제품의 대부분은 타사 제품과 비교해 고형 폐기물의 배출량이 50%에서 70%나 적다.

▷ 프레온 가스(CFC)의 사용 금지

클로로풀오로카본(CFC)이 대기권의 오존층을 파괴한다는 연구발표가 있은 후 암웨이에서는 에어졸 제품에는 CFC를 사용하지 않기로 결정했다. 1978년부터 프레온 사용을 전면 금지했다.

▷ 플라스틱의 재활용

플라스틱 공업협회의 자체 내에 코팅 시스템을 도입한 최초 기업의 하나이다.

이 코팅시스템으로 인해 재활용 업자가 수지의 재질에 따라서 분별하기 쉬워졌다. 또한 암웨이의 보틀공장에서 나온 플라스틱 조각은 재활용 공장으로 보내져 다른 제품에 활용된다.

▷ 동물실험 폐지

1981년부터 제품의 안정성 시험을 위해 사용되는 동물의 수를 줄이는 계획에 참여해왔다. 이 결과 1989년 6월 5일을 기해 동물실험을 완전히 폐지했다. 외주 업자에게도 동물을 사용한 안정성 시험을 금지시키고 있다.

독특한 재활용

1994년에 필자가 암웨이 코포레이션의 연구개발 본부를 방문했을 즈음에 연구진이 가장 전력을 다하던 연구는 플라스틱 폐기물을 줄이는 것이였다. 다 사용한 플라스틱 제품의 처분 때문에 전세계가 골머리를 앓고 있지만 "작년 6월부터 이런 독특한 재활용 이용을 단행하고 있다."며 플라스틱 용기제조부문의 에드워드 달퀴스트 부장은 현장으로 안내해 주었다.

장소는 농축세제 등의 액체 제품 폴리에틸렌 보틀의 성형공장. 풍선을 부풀리는 요령으로 보틀의 모양을 만드는 플로성형기가 죽 늘어서 있다. 그 한 대 앞에서 "이것은 세층의 폴리에틸렌을 겹친 보틀을 성형하는 기계이지만, 한가운데 층에 회수한 폴리에틸렌을 사용하고 있다. 액체가 닿는 내측 층과 외측 층은 새로운 폴리에틸렌이기 때문에 품질 면에서나 외관상으로도 전혀 문제가 없다."고 에드워드 부장이 설명했다.

가동중인 것은 미국제 한 대뿐이지만 2호기(독일제)도 본격적으로 운전할 채비를 하고 있다. 1호기의 가격은 약 2백만 달러. 1리터짜리 보틀을 1분에 75개 성형하고 1년 동안에는 1,800만 개 이상 만들고 있다.

2호기는 그 성과를 토대로 단숨에 1갤런(약 3.7리터) 보틀에 도전한 것으로 1분에 1갤런 보틀을 28개 성형할 수 있다고 한다.

포장기술 담당자인 마이겔 슈미트 연구개발 국장은 "이미 3대째 발주도 끝냈다. 1995년말까지는 보틀용에 사용한 모든 폴리에틸렌의 25%를 회수품으로 교체할 수 있다."고 단언했다.

지역공헌활동

'십일조' 부터

미국의 대다수 우량기업과 마찬가지로 암웨이도 지역공헌 활동을 기업 이념으로 삼고 있다. 이것도 창업자인 제이와 리치의 신념에서 비롯된 것이라고 해도 과언이 아니다. 리치는 그의 저서 〈더불어 사는 자본주의〉 안에 지역공헌 활동을 시작한 에피소드를 다음과 같이 적고 있다.

"헬렌과 결혼한 지 얼마 안 되었을 무렵, '제가 들고 있는 게 십일조 봉투예요.' 라며 10분의 1을 지역 교회에 기부하자고 말을 꺼냈다. 그리고 첫째 주 일요일 아침 헬렌은 이렇게 '우리가 번 돈의 10분의 1을 넣어요!' 라고 말했다.

일단 그 봉투에 넣는 돈은 빌린 돈은 안 된다. 당시는 주당 백달러였기 때문에 10달러정도 넣는 것은 아무 것도 아니었다. 지금은 더 많이 벌고 있고 그 작은 봉투는 헬렌 디보스 재단의 밑거름이 되었다."

* 고대 유태인들은 수확의 10%(10분의 1)를 가난한 사람을 위해 거두었다고 한다. 이것을 십일조라고 부른다.

교육(敎育), 인도(人道) 등 다양하게 지원

암웨이의 지역공헌 활동은 여러 갈래로 나누어져 있지만, 교육, 인도지원, 스포츠로 분류할 수 있다.

〔교육지원〕

▷ 시그스비 파크 초등학교 지원활동

그랜드 래피즈에 있는 공립 초등학교에는 가난한 가정의 흑인 학생들이 압도적으로 많다. 암웨이는 '그랜드 래피즈 공립학교 기금' (GRPEF)을 통해 공립학교에 다니는 학생들이 충분히 교육을 받을 수 있도록 자금 원조를 중심으로 다양한 형태로 지원활동을 하고 있다.

1994년 10월말 필자가 방문했을 때는 할로윈 전날로 암웨이 트럭에 쌓인 호박을 아이들 한 사람 한 사람에게 나누어주고 있었다.

〔인도 지원〕

▷ 이스터실즈 재단 지원

미국 전지역에 신체장애인에 대한 지원활동을 하고 있는 이스터실즈 재단에 자금원조. 밴 앤델가의 장녀인 낸 밴 앤델을 중심으로 디스트리뷰터가 매년 모금활동을 하며 1994년에는 210만달러를 재단에 기부했다.

일본 암웨이의 디스트리뷰터도 미국 샌디에이고에서 열린 세미나때 4만 달러를 기부했다.

▷ 중서부 홍수구제 활동

1994년 6월 암웨이의 종업원들은 미즈리강 세인트루이스 지역을 방문해 작년 여름에 미즈리강의 범람으로 피해를 입은 가옥의 구제활동에 참여했다. 암웨이는 허리케인 구제지원을 위해 3백만 달러 상당의 제품을 기증했다.

1992년에는 플로리다주 남부를 덮친 '허리케인 앤드류' 로 인한 피해 구조를 위해 1백만 달러 상당의 제품을 기증했다. 기증한 제품은 L.O.C. 세제 (96톤), SA8 세탁용 세제(104톤), 디쉬드랍스(10톤) 등이다.

할로윈 데이 때 쓸 호박을 받은 시그스비 파크 초등학교 학생들

암웨이의 종업원들은 돈을 조금씩 내서 자선단체인 '유나이티드 웨이'에 기부하고 있다. 이 단체는 이러한 기부금을 토대로 가난한 사람들에게 식료품, 의류용품을 기증하고 있다.

▷ 피부암 기금

1992년 암웨이는 '미국 피부암 기금'과 협력해서 피부암의 초기발견운동을 전개했다. 초기 발견을 위한 포스터 1만장을 제작해서 미국 전역의 피부과 전문의 등에게 보냈다.

▷ '어린이들에게 완구 보내주기 운동'

암웨이가 1992년 가을 미해병대가 매년 실시하고 있는 '어린이들에게 완구 보내주기 운동'에 참여하여 완구와 돈을 기부했다. 리치의 부인 헬렌 디보스는 이 운동의 명예회장으로 장녀 체리와 함께 이 운동에 매년 적극적으로 참가하고 있다.

▷ '어린이들의 미라클 네트워크 자선방송' 운동

암웨이는 1994년 6월 5일과 6일에 실시된 미시건주 서부 어린이들의 건강증진 운동에 참가해 전화로 운동에 참가할 것을 호소함과 동시에 기부 활동도 했다.

〔스포츠 지원〕

전미 프로농구협회(NBA)소속의 강호팀 올랜드 매직(플로리다주)의 오너는 리치 디보스이다. 그 올랜드 매직의 코치와 선수들은 1994년 7월 25일부터 29일까지 그랜드 래피즈에서 지역 어린이들을 대상으로 '농구 교실'을 열었다.

좋은 기업 시민

암웨이의 본거지인 그랜드 래피즈 시는 1826년에 프랑스인 어부가 개척한 마을이다. 시 중심을 흐르는 그랜드 강의 급류를 의미하는 이 미시건주 제2의 도시는 밴 앤델가와 디보스가와 같이 신앙심이 깊은 네덜란드계의 이민이 많았다. 또한 미국 38대 대통령 제럴드 포드씨가 태어난 고향으로도 알려져있다.

　그랜드 래피즈 시와 암웨이 코포레이션이 있는 에이다는 아름다운 거리가 이어져 있고 '고풍스런 아메리카'를 방불케 하는 전형적인 중서부의 도시이다. 그랜드 래피즈의 번화가에는 시에 가장 고급 호텔인 암웨이 그랜드 플라자 호텔을 비롯해 리치 디보스 부부의 자금 원조로 지어진 '디보스 홀' (시립 교향악단의 연주 등에 사용된다) 등이 있고 암웨이의 지역공헌 활동의 흔적을 여기저기서 볼 수 있다.

그랜드 래피즈 시 중심가에 있는 제럴드 포드 기념관

　1994년 10월에 필자가 방문했을 때 암웨이의 지역공헌 활동에 새로운 역사로 기록될 '밴 앤델 기념관' 오픈식을 취재할 기회를 얻었다.

　당일의 모습을 재현하면 ──.

　암웨이 창업자의 한 사람인 제이 밴 앤델(1924년 6월 3일생. 당시70세)의 이름을 붙인 밴 앤델 기념관이 10월 19일 그랜드 래피즈시의 번화가에 오픈한다.

　오픈에 앞서 센터 완성을 기념하는 기자 발표회가 10월 27일에 이루어졌고, 식장에 모습을 보인 제이 밴 앤델은 손자들과 함께 회전목마를 타고 지역 사람들과 오픈식을 축하했다.

디보스 홀 안에 있는 콘서트 홀

그랜드 강을 끼고 지어진 이 센터는 3층 건물로 총 면적 14,000평방미터, 총공사비는 3,900만 달러에 달한다.

이 센터의 건설계획은 1978년으로 거슬러 올라간다. 시에서 추진해온 건설운동 결과 1992년까지 연방정부, 미시건주 정부, 그랜드 래피즈 시 정부 등의 공적인 지원으로 2,400만 달러를 확보했다.

문제는 나머지 1,500만 달러를 어떻게 조달하는가 였다. 제이가 중심이 되어 2년에 걸쳐 개인 헌금 모금운동을 벌인 결과 24,000명이 기부에 응해 주었다고 한다. 이 중 최대의 헌금자는 제이와 그의 부인 베티가 기부한 300만 달러였다. 이들 개인 헌금자의 이름은 이 센터의 벽면에 새겨져 있다.

이 센터에는 지역 시민을 위한 박물관과 문화 · 오락시설이 있다. 박물관에는 19세기부터 20세기에 걸쳐 '세계의 가구 센터'라고 불리는 그랜드 래피즈 등 미시건주의 서부지역에서 가구산업의 번성했던 모습을 보여주는 전시품이나 미시건호를 비롯해 미시건주의 풍부한 자연을 소개하는 비디오 룸 등이 있다.

손자들과 회전목마를 타고 즐거워하는 제이 밴 앤델

또한 플라네타륨 콘서트홀과 더불어 오락시설로 아이들을 위한 회전목마 등의 시설이 갖추어져 있다.

밴 앤델가의 차남으로 암웨이 부사장(제조·업무담당)인 데이브 밴 앤델은 식장에서 필자의 인터뷰에 응해 암웨이의 지역공헌 활동에 관해 다음과 같이 이야기했다.

"암웨이는 지역에 대한 공헌을 특히 중시하고 있습니다. 이 뮤지엄 건설에 대한 협력도 그 일례입니다만, 소위 '좋은 기업시민(Good Cooperate Citizenship)'이라는 것은 자신들이 살고 있는 지역에 공헌하는 것입니다. 자신들이 번 돈의 일부를 지역에 환원하는 것은 그 지역 기업으로서 당연한 것이며 어떤 보답을 기대하지 않습니다."

제4장 연구개발과 통신 네트워크

암웨이가 자랑하는 연구개발 본부 외관

암웨이 비즈니스가 성공한 이유로서 디스트리뷰터에 의한 무점포 직접 판매라는 판매방법과 나란히 고품질의 제품을 들수 있다. 암웨이 코포레이션에 있는 연구개발(R&D) 본부에는 미국에서도 톱 레벨의 기술자 400명이 주야로 신제품의 개발과 품질관리에 몰두하고 있다. 이들 '두뇌집단' 의 노력에 의해 정수기와 같은 우수한 품질의 히트제품이 탄생된 것이다.

본장에서는 연구개발 시설을 소개함과 동시에 암웨이 기술진의 약력과 육성을 전한다.

한편 세계 각국에 전개하는 암웨이 비즈니스에 있어서 컴퓨터 네트워크의 구축은 회사의 사활이 걸릴 정도로 중요성을 갖고 있다. 통신 네트워크 부문의 최고 책임자와의 인터뷰 내용을 게재함으로써 암웨이의 통신 네트워크의 현상과 장래 목표를 찾았다.

연구개발(R&D) 시설

6개의 섹션, 13개의 연구실

암웨이 비즈니스가 전세계적으로 성공한 이유 중 하나는 제품의 품질이다. 암웨이 제품의 품질이 좋다는 것은 일본에서도 정평이 나있지만, 그 열쇠는 암웨이 코포레이션 안에 있는 연구개발 시설과 400명이 넘는 우수한 기술진에 있다.

필자는 1994년 10월에 암웨이 코포레이션을 방문했을 때 암웨이가 자랑하는 연구개발 시설과 기술자들을 자세히 취재할 기회를 얻었다.

3년 반 전에 완성된 새로운 연구개발본부 빌딩은 3층 건물로 면적은 8,100평방미터였다. 26개 연구실로 나누어져 화학, 미생물 공학에서 포장 공학까지 폭넓은 분야의 전문가들이 모여 있다. 연구실 수는 다른 장소에 있는 것까지 더하면 43개가 있고 연구원은 408명이 있다.

우리들을 안내해 준 유머감각이 뛰어나고 명랑한 연구개발 부문 분석담당 칼 밴딕 부장은 "이 연구원들 중에서 어쩌면 노벨상 수상자가 나올지도 몰라요."라며 한쪽 눈을 찡긋 감아 보였다.

확실히 연구원들을 취재해 보면 '역시 그렇구나' 라고 생각할 정도로 다채로운 프로 집단이다.

연구개발본부 빌딩의 계단 벽에는 명판이라고 불리는 사각 액자가 죽 걸려 있었다. 이제까지 취득한 미국 특허표지를 베껴 만든 것으로 그 수는 대충 50건에 이르렀다.

연구개발 부문의 최고 책임자인 그레고리 그로하우스키 상석 부사장은 "우리들의 목적은 어디까지나 고품질의 제품을 연구 개발하는 것에 있고 연구 성과에 대해서는 별로 특허를 취득하고 싶지 않다. 특허를 취득하게 되면 기업비밀인 제품의 제조방법을 라이벌 회사에 가르쳐 주게 될지도 모르기 때문이다."라며 자신감 있게 말했다.

암웨이의 연구개발 부문은 품질보증, 프로세스 엔지니어링, 패키지(포장) 기술, 연구업무, 분석업무, 제품개발의 6개 섹션으로 나누어져 있다. 그 중에서도 가장 힘을 쏟고 있는 곳이 13개의 연구실로 된 품질보증으로 152명의 기술자들이 이 섹션에 소속되어 있다.

그로하우스키는 "품질보증 섹션에서는 약 1,300가지에 달하는 종류의 원자재를 사용하고 있다. 그것을 관리하기 위해 1년에 만드는 테크니컬 다큐먼트(기술관계 서류)는 25,000가지에 이른다. 원료의 샘플링 테스트는 연간 30만 번에 달한다."고 설명해 주었다.

원자재는 전세계 기업에서 구입하기 때문에 그 품질 유지에는 대단히 신경을 써야 하는 모양이다.

특히 그로하우스키는 "납품업체는 수천 기업를 상회한다. 주요한 납품업체 100~200개사에는 이쪽에서 직원을 파견해 원자재를 체크하고 있다. 일본 기업도 16개사가 들어 있고 품질 전문가와 구매, 제품개발, 마케팅 등의 담당자를 포함한 4~5명의 팀을 1년에 여러번 일본에 보내고 있다."고 설명했다.

400가지 품목이 넘는 제품

일본 기업에 대한 평가는 상당히 높은 것같고 품질보증 담당자인 로버트 바솔로뮤 국장은 다음과 같은 실례를 이야기해 주었다.

"원자재 납품기업 중 품질관리에 뛰어난 기업을 표창하는 제도를 1년 반 전부터 실시했다. 심사는 엄정하며 이제까지 표창받은 기업은 8개사뿐이다. 이 가운데 미국 기업이 6개사이고 2개사는 일본 기업, 다른 나라의 기업은 들어 있지 않다."

'고품질'을 유지시켜 주는 하나의 중요한 항목으로서 힘쏟고 있는 것이 지역과 국가별로 섬세한 제품 개발을 하고 있는 것이다. 그 좋은 예가 세제이다. 나라마다 수질이 다르고 규제도 서로 다르다.

연구개발본부 빌딩 내에 전세계의 수질을 연구하는 시설이 있다. 방의

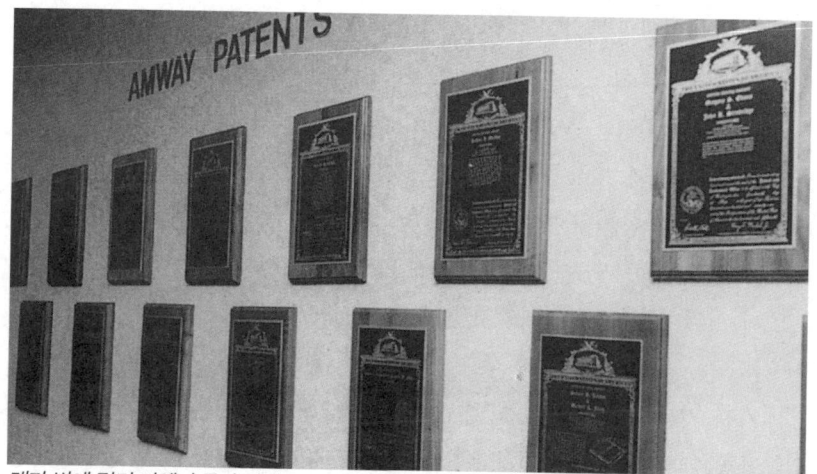
계단 벽에 걸린 암웨이 특허 명판

넓이는 대략 30평방미터. 벽을 따라 세계 주요 메이커의 세탁기 20대가 나란히 늘어서 있다. 그 중에는 일본 메이커 3사 스미모토 전기산업, 도시바, 샤프의 세탁기도 있었다. 선반에는 여러 가지 색깔의 상자에 들어 있는 각국의 세제가 놓여있고 천정에는 물 파이프가 종횡으로 설치되어 있었다.

밴다이크 부장은 "파이프를 교체해 세계 각국의 물을 만들도록 되어 있다. 도쿄의 물이든 일본 지방의 물이든 만들 수 있습니다."라며 가슴을 폈다.

이 물을 사용해 암웨이가 개발한 세제와 라이벌 메이커의 세제를 여러 가지 조건하에서 테스트하고 국가와 지역에 맞는 세제를 생산하는 것이다. 오랫동안 잘팔리고 있는 상품인 세탁용 세제 SA8만으로 28가지의 다양성이 있다고 한다.

암웨이가 현재 판매하는 제품은 400가지가 넘지만, 크게 나누면 세제 등의 홈케어 제품, 화장품을 비롯한 퍼스널 케어 제품, 조리기구 등의 하우스웨어 제품 그리고 뉴트리라이트 프로덕츠가 제조하는 영양보급식품 등 네 분야로 나누어진다.

이 가운데 화장품 등은 인종이나 국가별로 섬세한 제품 개발이 요구된다. 일본 소비자의 눈은 특히 엄격하기 때문에 일본을 겨냥한 화장품 개발에는 전문팀을 두고 있을 정도다.

독특한 '피부화상 판독기'

　암웨이가 일본에서 화장품 판매를 시작한 것은 1986년. 일본 상륙에 앞서 2,000~3,000명을 상회하는 소비자 테스트를 실시했다. 화장품 개발은 피부, 환경, 관습, 기호 등의 자세한 조사를 바탕으로 새로운 성분의 개발, 안정성의 체크, 용기와의 적합성 등 여러 갈래로 나누어져 있기 때문에 개발에서 판매까지 4~5년 걸리는 케이스도 있다고 한다.

　또한 암웨이는 액체 세제의 고농축화에 일찍부터 대처해 왔지만 현재도 이 점의 연구는 소홀히 하지 않고 있다.

　패키지 기술 담당자인 마이클 슈미트 연구개발 국장은 "현재 판매하고 있는 농축액체 세제는 작년보다 25% 농축도가 올라갔다."고 설명한 후 특수한 스프레이가 붙은 '새로운 용기'를 보여주었다. 이 스프레이식 슈퍼 콘센트레이트(고농축)세제는 1회 사용량이 현재의 4분의 1 정도로 줄어들어 세제와 물의 혼합액이 스프레이된다는 점이 특색이다.

　세제와 물의 혼합비는 다이알로 바꿀수 있도록 되어 있다. 1994년 5월부터 미국과 캐나다에서 발매해 호평을 받아 10월 중순까지 팔린 스프레이식 키트는 35만개에 달했다.

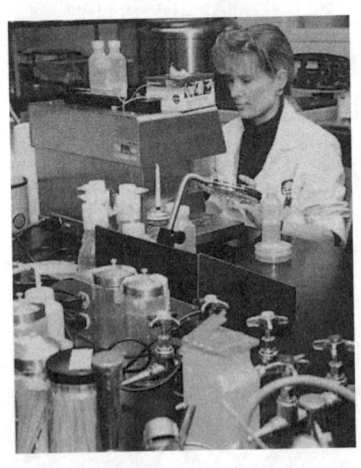

신제품 개발에 전념하고 있는
여성 연구원

　"일본에도 곧 판매하려고 생각한다."고 슈미트 국장은 말했다. 가장 중요한 발매 시기에 대해 질문하자 국장은 "현재 시장조사를 추진하고 있는 단계로 품절되는 일이 생겨서는 안 되기 때문에…"라며 말끝을 흐렸다.

　스킨케어 제품의 연구에서는 독특한 장치가 활용되고 있다. 현미경과 컴퓨터를 연결한 피부화상 판독기로 "피부 표면 옆 얼굴의 확대 화상과 판독화상이 표시되어 스킨케어 제품의 효과를 정확히 평가할 수 있다."고 데이비드 글로 연구원이 설명해 준다.

피부에 실리콘제의 얇은 막을 덮어 피부표면의 요철(凹凸)을 복제한 뒤 그 실리콘 복제품을 이 장치에 걸면 자동적으로 판독해 준다.

주름살의 형상은 물론이고 작은 기미도 확실히 디지털 화상에서 디스플레이 화상으로 표시된다. 일정 기간마다 화상을 촬영해 변화를 조사하면 사용하고 있는 스킨케어 제품의 효과를 알 수 있는 구조이다.

이 새로운 기기들을 잘 보면 현미경은 올림퍼스 광학공업제품, 아날로그 신호를 디지털 신호로 바꾸는 제어부는 소니 제품, 디스플레이는 미쓰비시 전기 제품, 퍼스널 컴퓨터는 NEC 제품으로 되어 있어 주요 구성 기기의 대부분이 일본 제품이라는 것에 놀라웠다.

이 점에 대해 질문을 던지자 글로 연구원은 "중요한 것은 소프트웨어입니다."라고 강조했지만, 여기서도 일본의 테크놀로지의 우위성을 엿볼수 있다고 생각했다.

최대의 히트작 정수기

"암웨이가 이제까지 개발한 제품 중에서 최대의 히트작은 이 정수기입니다." 홈케어 트레이닝 센터 부문 상급 전문직의 데이비드 슐츠는 입을 열자마자 이렇게 말하기 시작했다.

일본에서는 일본을 위해 개발한 정수기를 1993년 9월에 발매했지만, 1

년 동안에 20만3천대를 파는 대성공을 거두었다. 성공의 비밀은 어디에 있을까.

개발 프로젝트 리더인 로이 키넨 박사는 이렇게 설명한다.

"물의 여과에 압축 활성탄 블록 등 4층의 필

데이비드 글로 연구원

차세대 정수기 개발에도 열심이다.

터를 사용한 것과 더불어 적외선 조사에 의해 미생물이나 바이러스를 죽이는 방식을 취한 것입니다."

암웨이가 정수기의 개발에 착수한 것은 1984년. 압축활성탄 블록을 발견하고 제품을 완성하는 데까지 9년을 소요했다.

키넨 박사는 "알맹이 모양의 활성탄이 물 속을 그냥 통과해 버리면 유해물질을 충분히 제거할 수 없습니다. 그래서 미립자 상태의 활성탄을 압축 성형하여 밀도를 높이면 물의 빠져나감이 줄어들고 유해물질의 제거 효과를 높일 수 있을 것이라고 생각했습니다."며 개발 당시를 회상했다.

일본에서는 정수기로 처리한 물 속에 잡균의 번식이 문제가 되고 있지만 "파장 0.25미크론(1미크론은 1,000분의 1미리) 적외선은 박테리아는 물론 바이러스도 죽인다. 물에 어느 정도의 시간, 적외선을 쪼이면 좋은가 등의 문제도 있었지만 이것을 해결해 1분에 최대 2.8리터의 수량을 얻을 수 있게 되었습니다."(키넨)고 한다

압축 활성탄 필터를 비롯해 이 정수기 개발에서 암웨이는 7건의 특허를 취득 더구나 4건의 특허를 신청중이다.

1994년 5월에는 미국 플라스틱 공업협회로부터 표창도 받았다. 슐츠씨는 "이 표창은 소비자에게 우수한 제품을 제공한 회사에게 주는 것으로 매년 한회사만 선정되는 권위 있는 상입니다."라며 자랑스럽게 말했다.

암웨이가 1984년 10월까지 취득한 특허는 미국에서 51건, 해외에서 37건으로 총 88건에 이른다.

이 밖에 출원중인 것이 미국에 22건, 해외에 39건으로 총 61건이며 출원준비를 추진중인 것도 12건이다.

한편 외부와의 공동연구에도 열심이다. 이제까지 독일의 헹켈사와 주

방용 칼, 일본의 샤프와 전자 조리기구, 호야(HOYA)와 유리텀블러를 공동 개발해 제품화했다. 현재 117개 대학, 75개 기술 컨설턴트 회사와 각각 공동 연구·연구 협력을 시행하고 있다. 미국 스탠포드 대학에는 기부 강좌를 갖고 있다.

기술자들

두뇌집단

암웨이의 연구개발 본부에 소속된 408명의 기술진에는 다양한 분야의 전문가가 배치되어 있다.

1994년 10월 우리들이 연구개발 본부를 방문했을 즈음에 취재에 응해준 암웨이의 '두뇌집단'은 '퀄리티(품질)'와 '환경보호'에 정열을 갖고 있다는 것을 절실히 느꼈다.

몇 사람과의 인터뷰 내용을 소개한다

▷ 로버트 바솔로뮤 국장(품질보증 담당)

"우리들은 소비자가 원하는 그 이상의 품질을 가진 제품을 만들고 있다고 자부하며 이 것은 반품률이 낮다는 것으로 입증되고 있습니다. 고품질을 유지하기 위해 외부에서 들여오는 구매품에 특히 엄격한 체크를 하고 있습니다.

이러한 엄격한 통제 체제를 구축하기 위해서 화학, 미생물 과학자, 엔지니어 등 여러분야의 전문가가 함께 일하고 있습니다."

로버트 바솔로뮤 국장

▷ 칼 밴다이크(분석담당 부장)

"분석기술 자동화에 특히 힘쓰고 있습니다. 화장품의 방부제 규제는 미국보다 일본이 훨씬 엄격하지만, 금년 8월부터 최신의 분석장치를 가동시키고 있습니다. 1회에 98개의 샘플을 자동분석 할 수 있고 화장품의 처방을 결정하는 데 위력을 발휘하고 있습니다.

이런한 분석 정보가 신제품 개발에 불가결한 것입니다.

미생물 검사에서도 세균수를 단시간 내에 셀 수 있는 기술을 개발하고 있습니다. 이 검사 방법을 사용하면 세균 수가 백만 개라고 해도 1~2초 내에 계산할 수 있고, 이에 따라서 검사에 필요한 맨파워

(유효 인원)를 3분의 1로 줄일 수 있습니다. 이 정도의 검사기술을 보유한 곳은 암웨이 말고는 찾아볼 수 없을 것입니다."

에이미 휴즈 박사　　　　칼 밴다이크 부장

▷ 에이미 휴즈 박사(R&D 부문 주임 연구원)

"암웨이에 들어온 것은 4년 전입니다만, 그 이전에 7년간은 석유 메이커 엑손에서 생분해성 물질의 연구를 했습니다. 1989년에 알래스카에서 일어난 탱커의 원유 유출 사고의 처리 프로젝트에도 참가했습니다.

현재는 주로 유럽 시장을 위한 패키지의 향상에 전념하고 있습니다만, 생분해성이나 독성 테스트에 많은 시간을 소비하고 있습니다. 암웨이가 생분해성의 연구에 더 힘을 쏟도록 노력할 예정입니다."

▷ 로이 키넨 박사(정수연구실 주임연구원)

"일본 정수기와 우리들이 개발한 정수기는 구조에 큰 차이가 있습니다.

일본 정수기의 99%는 물을 여과하기 위해서 가는 홀로화이버(중공계)를 사용하고 있습니다.

최근 일본의 어느 메이커가 우리들과 똑같은 적외선 램프를 부착한 제품을 내놓았습니다. 정화 효율을 높이는 연구를 계속하고 있고 보다 사용하기 편리한 제품을 시장에 내놓을 예정입니다."

존 세메카　　　　로이 키넨 박사

▷ 존 세메카(스킨케어 연구실 주임연구원)

"20년 전에 세계적인 화장품 메이커인 레브롱에 입사하여 스킨케어 세계에 발을 들여놓았습니다. 레브롱 제품을 들고 일본에 간 적도 있었습니다. 암웨이로 옮겨온 지 아직 3년밖에 안 되었습니다.

지금 내가 하는 일은 화상 판독기를 사용한 즉 비디오 이미지 분석입니다. 여러 나라 사람들의 피부에 관한 연구도 하고 있습니다만, 모르는 것도 아직 많습니다."

▷ 케일리 달링(영양식품 담당 연구원)

"일본을 위한 음료나 다이어트 식품의 연구를 하고 있습니다. 최근 복숭아맛이 나는 칼슘화이버 음료를 일본에서 발매했습니다만, 우리가 개발한 것입니다.

그레고리 글로하우스키　　케일리 달링

일본인의 기호에 맞는 맛이기 때문에 연간 3백만달러가 팔렸습니다. 사과맛 제품도 발매할 예정입니다. 일본 기업 2개사(社)와 협력관계를 맺고 있습니다. 현재 음료, 다이어트 식품 등 5가지 종류의 신제품에 대해 일본에서 패널 테스트를 실시하고 있는 중입니다. 소비자에게 샘플을 제공하여 맛과 향을 평가받는 것으로 좋은 결과가 나오길 바라고 있습니다."

▷ 그레고리 글로하우스키(연구개발 본부장)

"미국 환경보호국(EPA)이 환경대책 가운데 현재 가장 중시하고 있는 것은 폐기물을 줄이는 것입니다. 우리 회사에서는 20년 전부터 이 문제에 대처해 왔습니다만, 끝이 없는 영원한 과제이기 때문에 앞으로도 더욱더 줄여나가야 한다고 생각합니다.

특히 기업에 있어서 중요한 것은 환경을 파괴하지 않는 것입니다. 예전에 미국의 강은 흘러든 세제 때문에 거품투성이인 적이 있었습니다.

우리들은 이러한 문제를 일으키지않는 생분해성 세제를 일찍이 개발해 환경을 파괴하지 않도록 배려해 왔습니다. 단 나라마다 규제가 다르기 때문에 모두 대응하기란 곤란한 것이 사실입니다만…"

마이클 슈미트   릭 리터

▷ 릭 리터(시설관리 부문 책임자)

"펄프 마틴이라는 새는 벌레 등의 해충을 잘 잡아먹습니다. 한 마리가 하루에 2천 마리의 벌레를 잡아줍니다. 암웨이 공장은 벌레가 많은 장소에 세워져 있습니다만, 살충제 같은 것은 사용하지 않습니다. 새가 전부 처리해 주고 있습니다.

더구나 우리들은 지구의 환경보전 활동에도 될 수 있는 한 참가하도록 유의하고 있습니다. 이 지역에서는 수년 전부터 '어댑터 하이웨이 프로그램'이라는 고속도로 주변을 깨끗이하는 자원봉사활동을 실시하고 있는데 암웨이에서도 매회 30~50명의 사원이 참가하고 있습니다."

▷ 마이클 슈미트(연구개발 국장)

"캘리포니아주, 오레곤주, 위스콘신주 등에서는 이미 재생 플라스틱 사용을 의무화하는 조례가 만들어져 있습니다.

가령 캘리포니아주에서는 1995년 1월부터 홈케어 제품의 플라스틱 패키지에는 재생 플라스틱을 25%씩 사용하도록 결정되었습니다. 여기에 대응하는 방법은 몇가지 생각하고 있습니다만, 이러한 기술 개발에 지금 이상으로 힘을 쏟을 예정입니다."

통신 네트워크

1만명의 디스트리뷰터가 ABN을 이용

세계 기업으로 성장한 암웨이에 있어서 에이다와 전세계의 암웨이를 연결해 주는 컴퓨터 네트워크의 구축이 전략목표이다. 이중 에이다와 일본 암웨이 사이에는 CC 메일에 의한 퍼스널 컴퓨터의 핫라인이 개설되어 있어 정보 교환도 잘 이루어지고 있다. 문제는 암웨이 비즈니스를 받쳐주고 있는 디스트리뷰터와의 컴퓨터 네트워크를 어떻게 구축하는가이다.

컴퓨터 네트워크 구축에 총책임을 맡고 있는 켄 맥도널드 부사장(커뮤니케이션 본부장)은 인터뷰하는 가운데 이 점에 대해서 자세히 설명해 주었다.

맥도널드에 의하면 북미에서는 이미 인터넷에 접속할 수 있는 암웨이 비즈니스 네트워크(ABN)라는 퍼스널 컴퓨터 네트워크의 개발을 끝내고 1만명에 가까운 디스트리뷰터가 ABN을 이용하고 있다고 한다. 향후 문제는 암웨이의 비밀정보를 지키기 위한 화이어월(방화벽)의 구축과 일본 디스트리뷰터의 접근을 어떻게 하는가이다.

켄 맥도널드와의 인터뷰(1996년 6월) 내용은 다음과 같다.

Q 암웨이의 통신 네트워크 특히 일본 암웨이와의 통신은 어떻게 이루어지고 있습니까?

A 우리들이 일본 암웨이에 제공하는 최대의 서비스는 애뉴얼 리포트(연차 보고서)의 작성과 제공입니다. 작년 리포트도 여기서 만들었습니다. 현재 우리들은 내년의 리포트 작성에 전념하고 있습니다.

사진이나 비디오 서비스 등 일본 암웨이가 희망하는 커뮤니케이션 관련 서비스라면 무엇이든 기쁜 마음으로 제공합니다. 모든 의미에서 일본 암웨이는 암웨이 그룹에 있어서 최대의 고객입니다.

Q 암웨이는 창업 당초부터 통신이나 영상에 관심이 많았습니까?

켄 맥도널드

A 제이와 리치가 암웨이를 창업할 당시 처음으로 구입한 기자재는 등사판입니다. 두 사람은 디스트리뷰터 네트워크에 있어서 커뮤니케이션의 중요성을 인식하고 있었던 것입니다.

두 사람은 미메오그래프를 이용하고 인쇄기를 구입, 막 개발된 '릴 츠 릴 오디오 테이프' 를 사용했습니다. 트럭 여덟대 분의 카세트테이프를 사용한 후 드디어 새로 나온 비디오로 바꾸었습니다. 암웨이 북아메리카는 본격적으로 비디오를 이용한 최초의 기업중 하나였습니다.

온라인 주문 프로그램도 연구중

Q 역시 선견지명이 있었군요.

A 그렇게 생각합니다. 당시 미국의 일반 가정에서의 비디오 보급률은 20% 이하였습니다만, 두 사람은 비디오 등에 투자하여 이윽고 디스트리뷰터를 위한 하드웨어 판매를 시작한 것입니다.

우리들의 관심은 기술뿐만 아니라 디스트리뷰터와의 효율적인 커뮤니케이션을 촉진하는 것입니다.

이를 위해 우리들은 일본 암웨이와의 사이에 여러 가지 문제에 대처해 왔습니다. 그 한 가지는 온라인 주문입니다. 이 분야에서 일본암웨이는 큰 성과를 올리고 있습니다. 우리들의 목표는 퍼스널 컴퓨터 소유자라면 누구나 그것을 이용해 제품 주문을 온라인으로 할 수 있도록 하는 것입니다. 북미에서는 '인스턴트오더링' 이라고 부르는 온라인 주문 프로그램의 연구가 이루어지고 있습니다.

Q 북미 지역의 컴퓨터 네트워크화가 가장 먼저 추진되는 것같습니다만.

A 그렇습니다. 북미에서 강력히 추진중인 또하나의 커뮤니케이션 수단은 컴퓨서브 컴퓨터 네트워크를 이용한 것으로 암웨이 비즈니스 네트워크라

고 부르고 있습니다.

이 네트워크는 일본에서는 이용할 수 없습니다만, 일본 암웨이 직원들은 일본과의 커뮤니케이션 수단으로 이용하는 것같습니다.

인터넷의 어플리케이션도 갖추고 있습니다.

Q 일반적으로는 공개되지 않은 셈이군요.

A 그렇습니다. 그것이 가장 큰 메리트입니다. 암웨이의 디스트리뷰터밖에 액세스(접속)할 수 없습니다. 현재 미국과 캐나다에서 운용되어 8천명에서 만명의 디스트리뷰터가 정기적으로 이용하고 있습니다.

Q ABN 개발은 언제부터 하실 예정인가요?

A 본격적으로 운용을 시작한 것은 2년 전부터 입니다만, 개발한 것은 5~6년 전입니다. 현재 ABN에 대해 독특한 프로젝트를 추진중입니다. ABN에 게재된 모든 내용을 HTML이라는 인터넷의 공용어로 전환하고 있습니다. 인터넷이 장래, 세계의 암웨이 비즈니스에 도움을 줄 것이라고 생각하고 있기 때문입니다. 일본 암웨이도 WWW(월드 와이드 웹) 사이트를 개발중이기 때문에 일본 암웨이에서도 데몬스트레이션 제작이 가능합니다.

비밀정보에 액세스는…

Q 인터넷은 공개정보이기 때문에 암웨이의 비밀정보가 누설되지 않습니까?

A 현재 인터넷은 공개되어 있습니다만, 우리들이 하고 있는 것은 소프트웨어 개발입니다. 외부의 프로바이터와 협력해야 하는 작업이기 때문에 암웨이에서 전부 할 수 없습니다. 우선 미국에서 테스트하고 그 후 WWW(감수자 주:World Wide Web. 월드 와이드 웹이라고 하며 웹이라고 줄여 부른다.) 사이트를 개발중인 일본과 정보를 공용합니다. 우리들의 목표는 인터넷이용에 필요한 모든 소프트가 들어간 디스켓을 퍼스널 컴퓨터에 넣어 웹 브라우저(관람 소프트)를 이용하지 않고 인터넷에 액세스(접속)할 수 있게 하는 것입니다.

필요한 것은 모뎀과 인터넷 서비스 프로바이터뿐으로 나머지는 암웨이에서 제공합니다. AT&T, MCI, 스프린트 등과 계약할 수 있지요.

Q 디스트리뷰터는 어떻게 하면 정보에 액세스(접속)할 수 있습니까?
A 디스트리뷰터가 소프트를 열면 화면에 암웨이 로고가 나타납니다. 그 로고를 두 번 클릭하면 공개 사이트, 즉 웹 사이트로 바로 들어갑니다. 미국의 웹 사이트든 일본 암웨이 사이트든 상관없이 디스트리뷰터는 그 공개 사이트에서 모든 공개정보와 접속할 수 있습니다.

Q 비밀정보에 액세스(접속)는 어떻게 합니까?
A 화이어월(감수자 주 :Fire Wall. 방화벽이라 부름)을 개발하여 패스워드(암호명) 없이는 통과할 수 없게 되어 있습니다. 이 기술은 이미 존재하고 테스트해서 올바르게 기능하는지에 대한 확인이 필요합니다. 패스워드에 의한 보호가 있으면 디스트리뷰터는 화이어 월로 들어가 자신의 매출 실적 데이터나 제품 정보와 같은 암웨이의 비밀정보를 입수할 수 있습니다. 현재 우리들은 이 프로젝트에 주력하고 있으며 일본 암웨이와도 이야기를 추진해야 할 테마라고 생각합니다.

Q WWW 사이트에 대한 기대가 큰 것같습니다만.
A 장래 WWW 사이트가 아마 세계 규모의 중심적인 통신수단이 될 것입니다. 그 메리트를 이용할 수 있는 곳은 뛰어난 통신 인프라를 갖고 있는 미국과 일본이겠지요. 미국의 캘리포니아주의 실리콘밸리에서는 이미 텔레비전을 이용해 퍼스널 컴퓨터 없이 WWW사이트에 액세스한다는 구상을 갖고 있습니다. 일본 반다이도 미국의 애플사와 공동으로 텔레비전을 이용해 WWW사이트에 직접 액세스할 수 있는 장치를 개발하고 있습니다. 미국의 게이트웨이 2000은 우수한 텔레비전 퍼스널 컴퓨터를 개발했습니다만, 가격이 매우 비쌉니다.
그러나 이것은 제1세대 기종입니다. 반다이가 개발하는 저가의 기기가 보급되면 텔레비전을 사용해 손쉽게 액세스할 수 있는 인터넷 유저의 저변을 넓힐 수 있겠지요. 암웨이가 장래 인터넷을 어떻게 이용할지는 아직 모릅니다만, 암웨이의 데이터를 확보하여 외부인이 함부로 접속하지 못하도록 하는 방법을 연구·개발해야 합니다.

디스트리뷰터 지원 목적

Q 일본의 디스트리뷰터는 언제 이 네트워크를 이용할 수 있게 됩니까?

A 아직 미정입니다. 기술 혁신 속도가 빠르기 때문에 일본 디스트리뷰터는 ABN을 거치지 않고도 정보를 얻을 수 있을지도 모릅니다. 소프트만 개발되면 같은 정보를 일본의 웹 사이트에서 액세스할 수 있게 되죠.

우리들의 당면 문제는 패스워드 보호를 위한 방화벽이 비밀정보를 보호할 수 있느냐하는 문제입니다. 일본 암웨이와의 공동 작업에 의해 패스워드 보호에 관한 정보를 교환하고 싶다고 생각합니다. 이것이 잘되면 소프트웨어의 개발은 시간 문제지요.

Q 그런데 암웨이는 어느 퍼스널 컴퓨터 메이커와 제휴하고 있습니까?

A 미국에서는 게이트웨이와 암웨이의 디스트리뷰터 사이에 영업 계약을 맺고 있습니다.

게이트웨이는 사우스다코다주에 본거지를 둔 큰 컴퓨터 회사로 소매점을 통하지않고 통신판매만 합니다. 암웨이의 디스트리뷰터는 다른 고객보다도 싼 가격으로 게이트웨이의 퍼스널 컴퓨터를 살 수 있습니다.

Q 암웨이 코포레이션에서는 어느 기종을 사용하고 있습니까?

A 우리들의 커뮤니케이션 본부에서는 디지털 커뮤니케이션의 업계 표준인 매킨토시를 사용하고 있습니다.

암웨이에서는 비디오 편집, 오디오 편집, 인쇄 페이지의 편집 등을 모두 사내에서 하고 있습니다만, 매킨토시 이외의 퍼스널 컴퓨터에서도 우리들이 제작한 그래픽을 볼 수 있습니다. 아도비사의 아크로바트라는 소프트에서 자료를 1페이지 작성하고 CC 메일의 메시지에 첨부해 일본 암웨이에 송신하면 일본의 데스크탑에서 클릭해 볼 수 있습니다

Q 장래 컴퓨터 비즈니스에도 진출할 예정입니까?
A 어디까지나 디스트리뷰터의 업무효율을 높이기 위한 도구로서 사용할 것입니다. CD-ROM 인터액티브 · 카탈로그도 제작하고 현재 제2판 제작에 전념하고 있습니다. 이것은 모두 북미용입니다. '인스턴트 오더' 라는 컴퓨터 프로그램도 개발하고 있습니다.
　디스트리뷰터의 비즈니스를 지원하는 것이 목적입니다.

제5장 영양보급식품의 영웅 · 뉴트리라이트

영양보급식품의 원재료 아세로라 체리

암웨이 그룹 가운데 독특한 제품을 만들어 성장을 계속하고 있는 기업이 있다. 미국 서해안의 캘리포니아주 로스앤젤레스 교외에 본거지를 둔 영양보급식품의 톱메이커 뉴트리라이트 프로덕츠(이하 뉴트리라이트)이다. 암웨이 총매출액의 약 20%를 차지하는 뉴트리라이트는 1972년에 암웨이에 매수되어 자회사가 되며 1994년에는 암웨이에 완전히 흡수되어 1사업부가 된다.

뉴트리라이트는 본부 기능과 정제와 푸드바 제조공장을 갖은 부에나파크 본부·공장을 비롯해 레이크뷰 농장, 천연 베타카로틴 생산시설(캘리파트리아) 등으로 되어 있고 연구개발 부문의 연구원을 포함한 종업원은 약 1천명. 또한 멕시코와 푸에르토리코에 아세로라 농원을 소유하고 있다.

창업자의 장남으로 생물 물리학자인 샘 렌보그씨가 대표를 맡고 있는 한편 렌보그씨의 오른팔로 알려진 로버트 헌터씨가 부대표로서 업무 면에서 총지휘를 맡고 있다.

부에나파크 본부·공장

품질 개선과 고객 만족도를 최우선으로

로스앤젤레스의 남동쪽 디즈니랜드와 미국대학리그(MLB) 아메리칸 리그의 아나하임 앤젤스 구장에서 그리 머지않은 부에나파크시에 뉴트리라이트의 본부 겸 공장이 있다. 1995년에 새로 단장한 하얀 건물은 총면적 2만평방미터로 도쿄 돔의 2배 넓이이다. 종업원은 600명.

이 공장에서는 암웨이가 전세계로 수출하는 각종 비타민·미네랄이 함유된 영양보급 식품을 생산하고 있다. 1995년 초부터 일본에서 판매되고 있는 '트리플X'는 이 공장이 일본을 위해 특별히 생산한 것이다. 뉴트리라이트제의 영양보급 식품은 전미 프로농구협회(NBA)의 공인을 받았다.

뉴트리라이트의 기업 이념은 꾸준한 품질 개선과 고객 만족도가 최우선이다. 각 사업 부문은 이 기업 이념을 바탕으로 상호 의존하며 서로가 타 부문의 상품 공급자로서의 역할을 담당하고 있다.

가령 레이크뷰 농장이나 캘리파트리아의 천연 베타카로틴 생산시설은 부에나파크 공장의 정제 제조부문의 상품 공급자이다. 또한 부에나파크 공장의 정제 제조부문은 포장 부문의 상품 공급자로 되어 있다.

뉴트리라이트제 영양보급 식품의 특징은 원료가 모두 천연물이라는 점이다. 알파파 등 녹황색 야채류의 에센스나 분말 외에 아세로라 체리, 베타카로틴, 각종 아미노산, 식물성 기름 등이 주원료이지만 "원료의 종류는 400가지가 넘고 처방 종류만도 200가지가 넘는다."고 코디네이터인 샤리 링은 우리들에게 말했다.

다음에 부에나파크 공장의 정제 생산공정을 차례로 소개하겠다.

▷ 계량

영양보급 식품의 생산공정은 원료의 계량부터 시작된다. 레이크뷰 농장이나 다른 원료 메이커에서 구입한 원료는 순도를 신중히 체크한 뒤에 계량 부문으로 보내진다.

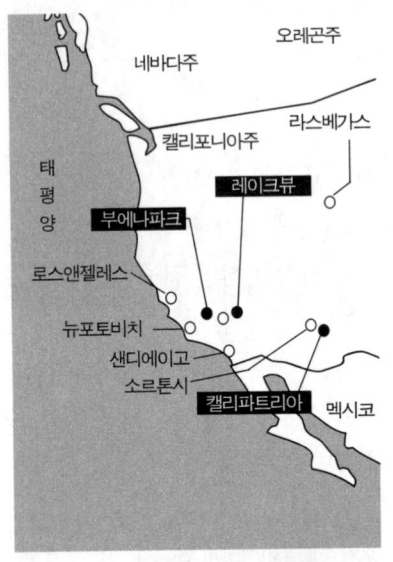

계량 부문에서는 고정밀도의 저울로 제품의 처방에 따라서 정확히 계산해서 생산 부문으로 보낸다.

▷ 조립

계량이 끝난 원료는 대형 블렌더 또는 '조립기'에 보내져 여기서 영양보급식품에 배합되는 여러 가지 성분을 혼합한다. 건물은 원료를 위층 방에서 아래층의 대형 믹싱 기계로 중력을 이용해 공급할 수 있도록 특별한 설계로 되어있다.

▷ 압축 성형

뉴트리라이트 프로덕츠의
부에나파크 본부의 정경

혼합된 원료는 압축 성형 장치에 투입되어 정제로 성형된다. 부에나파크 공장에는 압축 처리를 하는 특수 설계된 클린 룸이 12개 있다.

클린 룸에서는 압축 성형장치에 의해서 1분에 수천개의 정제를 생산한다. 기준에 맞지 않는 정제는 자동적으로 제거된다.

▷ 코팅

최첨단 기술인 하이코터를 사용하여 정제에 용액을 얇게 코팅한다. 한 번에 최대로 백만 정제를 코팅할 수 있다. 코팅 처리가 끝난 정제를 하이코터에서 꺼내어 신중히 검사한다. 부서졌거나 파손된 정제는 폐기처분한다.

▷ 포장

제품 보호를 위한 용기는 영양보급 식품의 품질 유지에 중요한 역할을 하기 때문에 신중히 설계되어 있다. 포장공장에서는 12계통의 고속·자동 포장 라인이 1일 20시간 정도 가동하고 초현대적인 포장설비로 1일 2만 케이스 이상을 포장한다. 여기서 포장된 제품은 세계 각국의 암웨이 유통센터로 출하된다.

서해안 지역 최대의 푸드바 공장

부에나파크 공장에서는 정제 생산공장과 나란히 푸드바 생산공장을 가동하고 있다. 이 공장에서는 1일 2만 개의 고품질 푸드바의 제조 능력이 있고 서해안 지역에서는 최대의 푸드바 공장이다.

이 푸드바 공장에서는 두 종류의 푸드바를 제조하고 있다.

한 가지는 파지트림 푸드바이고 1분에 420개 꼴로 가지런히 늘어선 푸드바가 라인을 돌며 바의 위와 아래에 초코렛이 코팅된다. 이 후 냉각용 터널을 통과하고 금속탐지기를 지나 밀폐된다.

또 하나의 라인은 그라놀라 푸드바로 91년에 푸드바 공장에 추가되었다. 전체 길이 45미터의 최신 생산라인으로 통계적 공정제어(SPC)를 채용하여 모든 그라놀라 푸드바가 뉴트리라이트 규정에 맞게 제조되도록 설계되어 있다.

이 밖에 부에나파크 공장에는 연구개발 부문과 품질보증 부문이 있다.

이 가운데 연구개발 부문에서는 식품이나 화학의 기술진이 공동으로 천

연원료의 농축물이나 부가가치가 높은 제품 개발에 전력을 다하고 있다. 또한 제품개발 연구소에서는 신제품의 성분 배합에 기초해 테스트 생산을 하고 있다. 품질보증 부문은 매년 수천 건에 이르는 테스트와 분석을 실시한다.

원료가 창고에 도착한 시점부터 최종 제품이 출하될 때까지 수백번의 테스트에 의해 제품의 균질성과 고객만족을 보증하는 노력이 거듭되고 있다.

부에나파크 공장의 작업 광경

뉴트리라이트의 취업 규칙에서는 근

무 일수는 주 4일제로 금요일은 원칙적으로 휴무이다. 1996년 6월에 뉴트리라이트를 방문했을 때는 운나쁘게 금요일로 관리부문은 쉬는 날이였지만, 포장 등 일부의 생산공정은 가동하고 있었다.

포장 부문의 책임자는 "월요일부터 목요일까지 1일 10시간 2교대제가 원칙이지만 오늘같이 출하가 임박했을 때는 임시로 근무한다."고 설명해 주었다.

또한 부에나파크는 로스앤젤레스 근교라는 점에서 일본 암웨이의 디스트리뷰터가 빈번히 방문한다. 이 때문에 일본 디스트리뷰터의 '여행 가이드' 로서 일본 암웨이의 CS 추진본부에서 야마모토씨라는 젊은 여성을 파견했다. 기자들의 가이드 역할을 해준 야마모토씨는 우리들에게 일본의 디스트리뷰터들이 자주 찾는 관광명소에 대해 설명해주었다.

"로스앤젤레스의 관광명소를 알고 있습니까. 첫 번째가 유니버셜스튜디오, 두 번째가 디즈니랜드, 세 번째가 어디라고 생각합니까. 뉴트리라이트입니다."

레이크뷰 농장

녹색 바다

부에나파크시에서 동쪽으로 약 100킬로. 낮은 산으로 둘러쌓인 건조지대, 레이크뷰에 뉴트리라이트가 자랑하는 광대한 무농약 농장이있다. 과거에는 농장 근처에 호수가 있었다고 해서 레이크뷰라는 이름이 붙여졌다고 하지만, 지금은 옛날 풍경은 전혀 없다.

농약을 사용하지 않으면 병충해나 잡초가 무성해 수확량이 30%전후로 감소한다고 하지만, 이 농장에서는 살충제를 일절 사용하지 않고 영양보급 식품용의 녹황색 야채류를 재배한다.

농장의 총면적은 255만평방미터로 도쿄 돔의 54배. 목초의 여왕이라고 불리는 알팔파의 녹색바다가 펼쳐져 있다. 알팔파는 비타민A, E, K, 엽산, 철분, 칼륨, 아연 등 미네랄을 많이 함유하고 있다.

안내받은 알팔파밭에서는 스프링쿨러가 기세좋게 주위에 물을 뿌리고 있다.

안내인 후랜키 레니는 "알팔파의 영양분은 잎끝 부분에 모여 있기 때문에 21~28일 간격으로 반복해서 수확합니다.

알팔파의 광대한 녹색바다

1년에 7~8번 수확하고 겨울이 되면 양을 풀어놓아 남아 있는 부분을 먹입니다."라며 말한다 .

1년 중 비가 오는 날은 손꼽아 헤아릴 만큼 강우량이 적은 곳이지만, 깊이 240~300미터의 우물이 5군데에 뚫려 있어 물은 풍부하다.

살충제를 일체 사용하지 않기 위해 해충 박멸에는 여러 가지 머리를 짜내고 있다. 가령 밭에는 수직으로 구멍을 파는 습성이 있는 이집트 지렁이를 풀어놓아 땅속으로 공기가 잘 들어가도록 하고 있다. 또한 살충제 대신에 생물을 사용해 해충을 구제하는 방식을 취하고 있다.

구체적으로는 네마토드, 무당벌레, 벌을 비롯한 많은 익충을 증식시키는 방법과 동식물에는 무해한 박테리아를 사용하는 방법 두 가지이다.

레이크뷰 농장의 한쪽 구석에는 수확한 야채류를 신선한 상태에서 가공하는 공장이 있다. 취재차 방문했을 때는 푸에르토리코에 있는 뉴트리라이트 아세로라 농원에서 보낸 아세로라 체리를 가득 실은 대형 트럭이 막 도착했다.

푸에르토리코의 아세로라 농원은 뉴트리라이트가 1970년에 구입한 것으로 1977년에 확장한 결과 현재의 넓이는 약176만 평방미터, 멕시코의 콜리마 지역에도 1991년에 구입한 면적이 약 100만 평방미터의 아세로라 농원이 있다.

생태계와 함께 공생

집하된 아세로라 체리는 그 장소에서 액체 질소 통 속에 넣어 동결하고 푸에르토리코의 경우는 배로 미국까지 운반해 온다.

아세로라 체리는 카리브섬이 원산지인 버찌와 닮은 과실로 안에 3개의 씨가 들어 있고 익으면 새빨갛게 된다. 뉴트리라이트에서는 아세로라 체리를 레이크뷰의 가공공장에서 분말화해 일부를 분말음료로 판매한다. 게다가 부에나파크로 반송하여 영양보급식품으로도 이용한다.

일본에서도 건강 드링크제로 인기를 얻고 있는 아세로라 체리는 비타민 C가 풍부한 것으로 알려져있다. 과육 안에는 중량환산으로 오렌지의 50~

60배 정도의 비타민 C가 함유되어 있어 버릴 것이 없다.

"짜고 남은 찌꺼기나 씨도 음료 등에 사용한 화이바(식이성섬유)가 된다." (레니)

레이크뷰 농장에서는 아세로라 체리의 분말 음료를 연간 5,400만봉지(1봉지로 쥬스를 1리터 만들 수 있다)를 생산하고 있지만, 수요를 따라갈 수 없는 상태라고 한다.

한편 레이크뷰 농장의 연구개발 부문에서는 식물에 관계된 다양한 연구가 진행되고 있다.

식물이 체내에서 만드는 광합성생성물의 연구를 하고 있는 폴 부브릭 박사는 "식물은 이물질이 침입하려고 하면 많은 광합성 생성물을 만들어 병이 나는 것을 막으려고 합니다. 식물을 영양이라는 견지에서 뿐만 아니라 화학이라는 측면에서도 보고 있습니다."라고 말했다.

또한 암 인자를 없애는 연구에 몰두하고 있는 덴 프사테리 연구원은 "이소 치오시아네제라는 물질에 주목해서 이것이 어떤 야채에 많이 함유되어 있는지를 조사하고 있는 중입니다. 무나 겨자에 들어 있다는 것은 알고 있습니다. 무농약 재배 등 환경을 파괴하지 않고 생태계와 함께 공생해 가는 것이 매우 중요합니다."라고 강조했다.

폴 부브릭 박사　　　덴 프사테리

천연 베타카로틴 생산시설

오렌지 색으로 빛나는 땅

　로스앤젤레스의 남쪽 태평양 연안의 휴양지 뉴포토비치를 오전 7시에 출발한 크라이슬러 자동차 왜건은 뉴포토비치 프리웨이 동쪽으로 달렸다. 디즈니랜드를 지나 리버사이드 프리웨이에서 인터 스테이트 10(샌베르날디노 프리웨이)을 따라 남쪽으로 내려오면 1시간 정도 소요되는 햄디저트라고 불리는 사막지대로 들어선다.

　좌우로 인가가 드문드문 있고 제임스딘, 엘리자베스 테일러가 출연한 영화 〈자이언트〉에서 본 듯한 무수히 많은 석유 굴삭기가 모습을 나타낸다. 이어서 풍력 발전용의 풍차가 강한 바람을 받아서 요란스럽게 윙윙 소리를 내고 있다.

　인터스테이트에서 루트 111로 들어서면 좌측에 거대한 염수호 솔튼시를 보면서 남쪽으로 계속 내려가면 'NUTRILITE' 간판이 눈에 들어온다. 멕시코의 국경 근처인 캘리파트리아에 있는 뉴트리라이트의 천연 베타카로틴 생산시설이다.

　호텔을 나온 지 3시간 반 정도 걸리는 거리로서 로스앤젤레스에서 자동차로 약 500킬로 되는 곳에 위치해 있다. 기온은 섭씨 30도정도로 다행히 생각한 만큼 무덥지는 않았다.

　캘리파트리아의 베타카로틴 양식지는 모두 49개이다. 이 중에서 생산에 관여하는 것은 커다란 11개의 연못으로 나머지는 실험용이다. 연못이라고 해도 실제로는 안쪽에 시멘트를 바른 콘크리트 탱크이다. 11개의 '생산지'는 장방형으로 연못 한 개 면적은 약 4,000평방미터. 양식지 안에는 해조를 증식하기 위한 수차형 교반기가 한창 활동중이다.

　캘리파트리아 시설의 메니저이며 생물학자인 엘네스토 메히야씨의 말에 의하면 이 시설에서는 양식지에서 배양한 듀나리엘라 해조에 식물성 기름을 혼합해 만든 상품명으로 '프로바틴' (프로 비타민A 혼합물)이라고 불리

베타카로틴 양식지. 강렬한 태양광선을 받아 오렌지 색으로 빛나는 듀나리에라 해조.

는 베타카로틴 오일을 연간 80톤 가량 생산(순 베타카로틴의 함유율 2.15%)한다고 한다. 이것을 드럼통에 채워 매월 부에나파크로 반송한다고 한다.

부에나파크 공장에서는 레이크뷰 농장에서 자체생산한 알팔파나 당근분말을 혼합한다. 특히 수분을 제거해 순 베타카로틴 함유율 85~90%의 농축 베타카로틴을 연간 1.7톤 제조하는 것이다.

양식지 가운데 강렬한 태양광선을 받아서 오렌지 색으로 빛나는 연못이 몇 개 있다. "저것이 베타카로틴을 많이 함유한 듀나리에라 해조입니다. 양질의 베타카로틴을 배양하기 위해서는 기후가 좋은 것이 절대 조건입니다." 같은 생물학자인 세자르 후로레스씨가 설명해 주었다.

뉴트리라이트가 천연 베타카로틴 생산시설로서 캘리파트리아의 사막지대를 선택한 이유도 "겨울도 따뜻하고 1년중 300일 이상은 날씨가 쾌청하고 습기도 적은 이상적인 환경"(후로레스)이기 때문이다.

이날(96년 6월 27일)은 몹시 더운 날씨는 아니었다. 코디네이터인 로리 프랜크스는 "당신들은 운이 좋아요. 가장 더운 8월에는 화씨 128도(섭씨 50도전후)를 기록한 적도 있어요."라며 목을 움츠렸다.

화학용제를 사용하지 않는다

캘리파트리아 시설에서 일하는 암웨이의 종업원은 생화학자 등 약 300명. 헤어질 무렵에 메히야씨는 "비타민A의 보급제로는 천연의 베타카로틴이 뛰어납니다.

우리들은 고품질의 베타카로틴을 만들기 위해 주야로 노력하고 있고 일본의 디스트리뷰터 여러분에게도 뉴트리라이트제 베타카로틴이 우수하다는 것을 전해 주길 바란다."고 메시지를 부탁했다.

세자르 후로레스   엘네스토 메히야

뉴트리라이트의 레이크뷰 농장에서 베타카로틴에 대한 연구를 하는 케빈 게렌베크 박사는 천연 베타카로틴의 뛰어난 품질에 대해 다음과 같이 설명했다.

"세계 시장에 나와 있는 베타카로틴 보급제품 중 95%는 화학적으로 합성된 것입니다. 원료의 대부분이 석유로 베타카로틴을 추출할 때 핵산 등의 탄화수소용제를 사용합니다. 뉴트리라이트제의 베타카로틴에는 화학용제는 전혀 사용하지 않고 순수한 식물성 기름만을 사용하고 있습니다. 우리들이 비타민A 보급제품으로서 듀나리에라 해조에 의한 천연 베타카로틴의 우수성을 믿고 있기 때문입니다."

케빈 게렌베크 박사   로리 프랜크스

샘 렌보그 대표도 뉴트리라이트제 베타카로틴의 세일즈 포인트로서 "천연소재인 듀나리에라 해조의 베타카로틴을 사용하고 있다."는 것을 들었고 "자연 상태에 가까울 정도로 우수한 제품이라는 것이 우리들의 신념이다."라고 말했다.

특히 제품의 안정성과 순수성을 지적하고 "천연 베타카로틴이라면 과잉 섭취로 인한 중독 위험성도 없습니다."라고 강조한다. 단, 암의 예방 효과에 관해서는 과장광고를 하지 않도록 경고하고 있다.

"공해, 담배, 불균형한 식생활 등의 '영양결핍'으로부터 몸을 지키기위해 우리들의 몸에는 베타카로틴 등의 영양소를 매일 적당량 보충해줄 필요가 있다."고 설명하도록 부탁했다.

••

베타카로틴은 500종류 이상 되는 카로틴의 하나. 카로틴 중에는 비타민 A 활성력이 가장 높고 체내에서 필요한 양만큼 비타민A로 전환한다. 이 것이 '프로비타민 A'(체내에서 비타민A로 바뀌는 물질)라고 불리는 이유이다.

뉴트리라이트제의 천연 베타카로틴은 세포막 안쪽에 베타카로틴을 다량 함유하고 있는 듀나리에라 해조를 필요한 영양소를 적당히 갖고 있는 양식지에서 태양광선을 받아 배양한다. 듀나리에라 해조를 수중에서 수확, 농축한 후 순수한 식물성 기름을 혼합한다.

베타카로틴은 지용성이며 식물성 기름을 혼합함으로써 듀나리에라 해조의 세포에서 베타카로틴을 추출한다. 그리고 베타카로틴을 함유한 식물성 기름에 알팔파 등의 분말을 혼합한다.

이 후 수분을 제거하고 하나씩 젤라틴으로 완성된 캡슐에 넣어 '베타카로틴 A'로 일본 등에 출하된다.

뉴트리라이트의 역사

창업자 칼 렌보그

뉴트리라이트의 역사는 모회사 암웨이보다도 오래되어 창업은 1934년까지 거슬러올라간다. 창업자인 칼 렌보그는 입지전적인 인물로 벤처 비즈니스의 창시적인 존재이다.

1985년에 발간된 칼 렌보그의 전기·강연집 『C F. REHNBORG』에 의하면 칼 렌보그는 20세기초 1912년 서구 열강의 식민지하에서 사분오열된 중국대륙에 비즈니스맨으로서 건너갔다. 렌보그는 상해를 중심으로 10년 이상 중국에 체류하면서 이때 열악한 영양상태로 고생하는 중국 사람들의 모습을 보게 된 것이 뉴트리라이트사를 창립하는 커다란 동기가 되었다.

1927년에 미국으로 돌아온 렌보그는 로스앤젤레스의 남쪽 뉴포토비치 근처의 태평양상에 떠 있는 발보아섬에 작은 연구소를 만들고 본격적으로 영양보급 식품의 연구개발을 시작했다.

7년에 걸친 실험과 시행착오 결과 각종 비타민과 미네랄이 든 영양보급 식품의 개발에 성공한 뒤 1934년 발보아섬에 캘리포니아 비타민사를 창립하여 판매활동에 들어갔다. 그로부터 5년 후인 1939년에는 회사 소재지를 로스앤젤레스로 이전하고 회사명도 뉴트리라이트 프로덕츠사로 바꾼다. 판매방법에 관해서도 이때부터 친구들을 중심으로 한 디스트리뷰터에 의한 직접판매 방식을 도입함으로써 이 회사의 판매실적은 더욱 신장되기 시작했다.

칼 렌보그

유례없는 호기심과 상상력

렌보그의 창업가 정신을 받쳐준 것은 유례없는 호기심과 상상력 그리고 과학이 뒷

받침된 개량에 대한 끊임없는 의욕으로 그 인물을 나타내는 여러 가지 에피소드가 남아 있다.

가령 중국 대륙에 있을 무렵 물자 부족으로 인해 영양실조에 걸리는 것을 방지하기 위해 '잡초로 만든 스프에 녹슨 못을 넣어 친구들에게 권했다'는 일화 등이 있다.

못에 들어 있는 미네랄이 스프에 배어나와 미네랄 부족을 막아주는데 도움을 주는 것은 아닐까라는 '이론'에 기인한 행위였다.

렌보그는 또한 시대의 흐름을 꿰뚫어보는 능력의 소유자일 뿐 아니라 추진력이 대단했다.

본거지를 로스앤젤레스로 이전한 1939년 시점에서 "이 사업은 장래 백만불짜리 비즈니스로 발전할 가능성이 있다."고 말했다.

뉴트리라이트사의 초기단계의 상품은 비타민이 들어간 오일, 농축된 분말 야채를 함유한 캡슐, 미네랄이 들어간 정제 세 종류이다. 1946년에 본거지를 부에나파크로 이전하고 2년 후에 '뉴트리라이트 더블X'의 판매를 개시했다.

이것이 히트 상품이 되어 영양보급 식품회사 뉴트리라이트의 이름이 미국 전역에 알려지게 되었다.

제2차대전의 승리자로서 경제 면에서도 번영의 정점에 선 미국에서는 천연 건강식품 붐이 일기 시작했다. 이런 기류를 감지했던 렌보그는 자가 야채재배의 대확장을 결의하고 산요아신트 계곡 헤메트지역의 토지 40만평을 구입해 농원 부문을 부에나파크에서 옮겨온다.

1953년에는 현재의 레이크뷰 지역의 토지도 구입한다.

무점포 직접판매 방식의 스타트

당시 뉴트리라이트사의 농원에서는 알팔파, 워터크레스, 파슬리 등 녹황색 채소를 중점적으로 재배했다.

렌보그의 판매방법은 친구들에게 제품을 건네주고 반응을 보는 방식이었다. 친구들을 통해 영양보급식품을 시식한 사람들은 한결같이 제품의 우수성에 매료된다. 이것을 전해들은 렌보그는 친구들에게 "제품을 팔아 보면 어떻겠소?"라고 권해 판매 액수에 따라 수수료를 지불하기로 약속했다. 디스트리뷰터에 의한 무점포 직접판매 방식의 시작이다.

이 무렵 젊고 성공에 대한 야심에 불탄 리치 디보스, 제이 밴 앤델도 뉴트리라이트의 디스트리뷰터로서 동분서주하며 하루하루를 보냈다. 암웨이의 리치 디보스 사장은 『C. F. REHNBORG』에서 렌보그에 대해 다음과 같이 서술하고 있다.

"꿈을 좇는 사람, 창업자, 비전의 소유자, 이상주의자, 실행하는 남자. 나에게 있어 칼 렌보그는 오랫동안 뉴트리라이트의 고안자로서 구름 위의 존재였다.

나는 시카고의 파티에서 처음으로 '그 남자'를 만나 그의 지성과 통찰력에 압도당했다. 이번에 그의 논문을 읽고 칼 렌보그라는 인물의 천재적인 면모와 한 남자가 이렇게 많은 일을 성취할 수 있다는 것을 알고 새감 감탄했다."

뉴트리라이트의 역사는 칼 렌보그의 부인 에디스를 빼놓고는 말할 수 없다. 에디스는 창립 당초부터 뉴트리라이트사의 경리책임자로서 남편을 도왔다.

더구나 1958년에는 '에디스 렌보그 화장품'을 발매하여 비즈니스우먼으로서도 활약했다.

이러한 가운데 리치 디보스, 제이 밴 앤델 두 사람은 1959년에 암웨이를 창립하여 디스트리뷰터에 의한 화장품 등의 무점포 직접판매로 인해 비약적인 성장을 계속했다.

1972년 뉴트리라이트사는 암웨이에 인수 합병되어 자회사가 되며 세계 규모로 암웨이 비즈니스의 일익을 담당하게 되었다.

1973년 칼 렌보그는 86세의 나이로 사망했고 뉴트리라이트사의 경영은 1983년에 사장으로 취임한 장남 샘 렌보그에게 인계되었다. 그 후 1994년에는 암웨이에 흡수되어 1사업 부문이 되었지만 뉴트리라이트가 렌보그가의 패밀리 기업임에는 변함이 없다.

창업자의 손녀 리사 렌보그씨

샘 렌보그의 장녀로 뉴트리라이트의 기업 교양·문화인사 담당 국장을 맡은 리사 렌보그는 1994년 가을에 방문한 우리들에게 다음과 같이 이야기했다.

"해마다 뉴트리라이트를 방문하는 디스트리뷰터가 증가하고 있습니다. 한편 디스트리뷰터들의 과장 광고로 인해 각국에서 문제가 되고 있습니다. 여기에 '뉴트리라이트 대학'이라고 하는 시설을 만들어 디스트리뷰터에게 올바르게 설명하는 방법을 철저히 교육시키고 싶다고 생각합니다."

샘 렌보그 대표 인터뷰

디스트리뷰터에게 보내는 메시지

뉴트리라이트 프로덕츠 대표이며 창업자의 장남이기도 한 샘 렌보그 박사(렌보그 센터 대표)는 그랜드 래피즈의 암웨이 그랜드 플라자 호텔에서 약 1시간에 걸쳐 기자의 인터뷰에 응해 주었다. 렌보그는 2주간에 걸친 브라질 방문을 마치고 귀국, 이사회에 참석하기 위해 그랜드 래피즈에 들른 중이었다(1996년 6월 25일).

영양보급 식품에서는 세계최대

Q 브라질에서 돌아온 지 얼마 안 된 줄 압니다만, 여행 목적, 성과는 어떠하셨습니까?
A 브라질은 뉴트리라이트의 비즈니스에 있어서 29번째의 나라입니다. 이번에 6개 시를 방문해서 뉴트리라이트의 영양보급식품에 대한 강연을 12번 했습니다. 이번 여행에서 브라질 시장이 유망하다는 것을 확실히 알았기 때문에 앞으로 적극적으로 진출할 예정입니다.

Q 그런데 뉴트리라이트는 최근 암웨이에 흡수됐다고 들었습니다.
A 그렇습니다. 1972년에 뉴트리라이트는 암웨이의 자회사가 되었습니다. 그 후 2년 전에 암웨이에 흡수되어 지금은 암웨이의 1사업부문입니다. 암웨이의 전면 지원에 의해 뉴트리라이트는 암웨이 비즈니스 중에서 성장 속도가 가장 빨라 이익률도 높은 기업이되었습니다. 뉴트리라이트 제품의 매출액은 현재 암웨이 전체 매출액의 20% 정도를 차지합니다.

Q 이번 분기의 업적 전망도 순조롭습니까?
A 이번 분기의 매출액은 전 분기에 비해 18% 증가할 전망입니다. 우리들은 작년의 매출액 10억 달러를 돌파했기 때문에 급성장을 이룰 수 있다고 확신합니다. 우리 회사는 영양보급식품에 관해서는 세계 최대입니다.

Q 트리플X를 중심으로한 뉴트리라이트의 제품 라인을 바꿀 생각은 없는지요.

A 트리플X는 가장 핵심적인 제품이며 일본에서의 판매고도 호조를 띠고 있습니다.

제품 라인을 트리플X 중심으로 바꿀 수는 없습니다. 현재 트리플X의 다음 제품을 개발중입니다. 또한 일본 시장을 위해 허브 제품의 개발도 진행중입니다.

부친이 중국에 계실 무렵부터 허브 등 약초에 강한 관심을 갖고 연구를 계속해왔습니다. 수년전에 허브 제품이 건강 증진에 도움을 준다는 것이 과학적으로 실증되었기 때문에 개발을 단행했습니다. 내년에는 일본 시장에 내놓을 수 있다고 생각합니다. 어쨌든 일본은 세계에서 가장 고품질을 요구하는 시장이기 때문에 일본에서 성공하면 전세계에서 팔리는 것은 문제 없습니다.

아세로라 개발의 선구자

Q 아세로라 제품에도 힘을 쏟고 있군요.

A 아세로라 연구개발에 관해서만큼은 뉴트리라이트가 선구자라고 해도 과언이 아니지요. 우리들은 아세로라 체리가 비타민C의 보물창고이며 건강 증진에 도움을 준다는 것을 알아낸 최초의 회사입니다. 현재 푸에르토리코와 멕시코에 아세로라 농원을 보유하고 있습니다.

이번에 방문한 브라질에도 꽤 많은 아세로라 농원이 있어 현지 회사와 전략적인 제휴를 맺고 왔습니다. 근간에 브라질로부터도 아세로라체리가 들어오겠지요.

Q 수요가 너무 많아 공급이 달리는 상태라고 들었습니다.

A 확실히 일본이나 브라질에서 아세로라 제품에 대한 잠재 수요는 상당히 큽니다.

푸에르토리코나 멕시코 농원의 확장도 검토중입니다. 아세로라는 보통 잘익은 아세로라 체리를 드링크용으로 제품화한 것이 대부분입니다만, 우리들은 어디까지나 익기 전의 녹색을 띠는 아세로라 체리를 사용해서 분말로 만들어 시장에 내놓는 방법을 취하고 있습니다. 이 방법을 통해 만든 제품은 더욱 풍부한 비타민 C를 함유하기 때문입니다.

인기높은 베타카로틴

Q 일본에서는 젊은 여성을 중심으로 건강식품에 대한 관심이 높아지고 있습니다. 그 중에서도 베타카로틴이 주목받고 있습니다. 뉴트리라이트 비즈니스 가운데 베타카로틴의 위치는?

A 미국에서도 베타카로틴 등 밸런스 영양식으로 섭취할 수 있는 건강식품에 대한 인기가 높습니다. 우리들은 트리플X 다음으로 베타카로틴을 꼽고 있기 때문에 캘리포니아주 캘리파트리아에 있는 베타카로틴 생산시설의 강화, 확충을 도모해갈 생각입니다.

샘 렌보그 대표

Q 베타카로틴은 암 예방에 효과가 있다고 들었습니다.

A 뉴트리라이트제의 베타카로틴은 천연의 듀나리에라 해조에서 자연 배양하며 비타민 A의 보급에 가장 적합한 영양보급식품입니다. 제품의 안정성과 순수성에는 자신이 있습니다. 단 베타카로틴은 '마법의 약'은 아닙니다. 현단계에서는 베타카로틴과 암과의 관계는 의학적으로 입증되지 않았고 뉴트리라이트에서는 암 예방에 효과가 있다는 과대 광고는 하지 않도록 지시하고 있습니다.

Q 마지막으로 일본의 디스트리뷰터에게 보내는 메시지는—.

A 일본의 디스트리뷰터는 제품에 대한 지식도 풍부하고 암웨이의 모든 디스트리뷰터의 규범입니다. 부에나파크를 방문한 암웨이 디스트리뷰터의 40%는 일본인입니다. 베타카로틴에 관한 설명을 메모하면서 열심히 듣습니다. 그러므로 일본의 디스트리뷰터에 대해서는 베타카로틴A의 판매에 있어서 과장 광고를 하지 않는다고 믿습니다.

●●●●●●●●●●●●●●●●●●●●●●●●●●

샘 렌보그(60세) 뉴트리라이트사의 창립자인 고 칼 렌보그의 장남. 미국 서해안의 명문인 스탠포드 대학에서 화학을 전공한 후 캘리포니아 대학 버클리 대학원에 진학, 1964년 생물 물리학에서 박사학위를 취득했다.

부친이 경영하는 뉴트리라이트사에 입사, 영양보급식품의 연구개발에 종사하여 1981년 사장으로 취임한다. 골프, 테니스, 요트, 스키 등 스포츠에 만능으로 매년 뉴욕이나 보스톤에서 개최되는 시민 마라톤에 참가할 정도이다. 부인과 1남 3녀를 두고 있으며 장녀 리사씨는 뉴트리라이트의 간부로서 활동중이다.

렌보그는 뽐내는 기색이 전혀 없는 상냥한 성격. 인터뷰중에 "매일 영양보급식품을 먹고 있기 때문에 건강하다. 내년 마라톤에서는 우승하려고 마음먹고 있을 정도다."라며 농담을 연발, 1시간이 눈깜짝할 사이에 지나 갔다.

제6장 암웨이의 세계전략

광주시 생산공장을 방문한 중국 암웨이의 디스트리뷰터

암웨이는 1959년 창업 이래 글로벌 기업이 되는 것을 경영의 주요한 항목으로 다루어왔다. 그리고 어느새 40년, 진출국은 42개국 · 지역까지 확대되었다.

이 가운데 최근 눈에 띄는 것이 아시아를 중시하는 경향이다. 아시아 전략의 요점은 발군의 업적을 올리고 있는 일본 암웨이와 나란히 홍콩에 본사를 둔 암웨이 아시아퍼시픽(AAP)이다. 특히 1995년 4월부터 비즈니스를 개시한 중국 암웨이에 대한 기대가 크다.

AAP의 경영진과 최근의 업적과 더불어 아시아 전략의 '작전참모'인 클레이그 머린의 견해를 소개하고 특히 광주시에 있는 중국 암웨이의 본사 사무실과 제조공장을 현장 취재했다. 이 장의 마지막에 중국, 대만, 홍콩, 마카오를 연결하는 대중국권을 통솔하는 에버 챈 AAP 수석 부사장과의 인터뷰를 게재한다.

글로벌 기업

세계로 퍼진 암웨이

　미 중서부 미시건주의 소도시 에이다를 본거지로 둔 암웨이는 이제는 당당한 글로벌 기업이다. "암웨이는 창업 당초부터 전세계를 목표로 해왔다." (딕 디보스 사장)는 말대로 1996년 8월 현재 진출국수는 42개국·지역에 달한다.

　지역별로 보면 유럽의 16개국을 필두로 오스트레일리아, 뉴질랜드를 포함한 아시아 12개국·지역, 중남미 11개국, 북미 2개국, 중동 1개국(터키)으로 되어 있다.

　수년간 암웨이 비즈니스의 급성장을 상징하듯이 최근 진출국 수의 신장은 현저하고 1995년에는 중국을 비롯해 6개국에서 비즈니스를 시작했다.

　암웨이에서는 특히 아시아에 중점을 두고 있고 다음 진출국으로서 인도, 필리핀, 베트남 등에 조준을 두고 있다. 그 가운데서도 거대한 인구가 밀집해 있는 인도 시장의 장래성에 주목하고 있으며 이미 뉴델리에 사무실을 설치해 기업화 조사를 실시하고 있다.

　진출국에서는 암웨이의 기업 이념인 지역공헌 활동을 다양한 형태로 실시하고 있다. 일본과 미국을 제외하고 주요한 진출국(ABC 순)에서 시행하는 지역공헌 활동을 열거해 보겠다.

▷ 아르헨티나

　1993년부터 1994년까지 아르헨티나 암웨이는 와그네리언 협회가 주최한 콘서트를 지원했다.

▷ 오스트레일리아

　《예술·문화》 오스트레일리아 암웨이는 젊은 아마추어 예술가 그룹에 의한 뮤지컬 〈레미제라블〉의 공연을 재정 면에서 지원했다. 《교육》 영 어치브

먼트(YA) 프로그램을 지원. YA는 고교생에게 비즈니스상의 실무교육을 실시하는 운동으로 오스트레일리아 암웨이는 다음과 같은 형태로 다양한 지원활동을 시행하고 있다.

①암웨이의 사원이 YA 고문으로서 고교생에게 전문분야에 관해서 교육

②암웨이의 임원이 YA 이사로서 운동에 참여

③암웨이는 1985년 이후 YA 장학금으로서 매년 5명의 고교생에 대한 미국 유학을 지원

▷ 오스트리아

오스트리아 암웨이는 제5회 국제 인형극 쇼를 지원하여 신체장애인 어린이 60명을 포함한 200명을 초대했다.

▷ 브라질

브라질에서는 영양실조나 병으로 인해 매년 500명의 어린이들이 죽고 있다. 브라질 암웨이는 이러한 사태를 개선하기 위해 유니세프(유엔 아동기금)에 협력. 디스트리뷰터가 자금을 모으기 위해 유니세프의 크리스마스 카드를 팔고 있다.

▷ 캐나다

캐나다 암웨이는 자선단체 '유나이티드 웨이'를 지원. 암웨이의 직원이 급여의 일정액을 '유나이티드 웨이'에 기부하고 이단체를 통해 식량, 의류 등을 어려운 사람들에게 제공하고 있다.

▷ 독일

독일 암웨이는 1992년 이후 젊은이들의 문화활동, 특히 '창작예술'을 지원, 1994년만 8만달러를 기부했다.

▷ 홍콩

매년 여름 '아반 카운실'이 주최하는 청소년과 가족이 함께 하는 '섬머 페스티벌'을 지원. 카니발 첫날에는 어린이들을 위해 13,000개의 풍선을 기부한다. 또한 마지막날에는 어린이들을 위한 파티를 개최. 파티에서는 게임이나 인형극 등을 보여준다.

▷ 헝가리

헝가리 암웨이는 1994년 6월에 헝가리 국립 오페라 극장이 주최한 '헝가리 적십자 지원을 위한 자선 오페라'에 협력했다.

▷ 인도네시아

인도네시아 암웨이는 다마 바그틱티 유치원에 책, 문구용품, 칠판 등을 기부했다. 또한 비나 라마쟈 고아원에 우유, 책, 문구용품 등을 기부했다.

▷ 이탈리아

이탈리아 암웨이는 아이들을 위한 복지단체 '텔레포노 아즈레'를 지원 14,000달러를 기부했다.

▷ 한국

한국 암웨이는 신체장애인 어린이들을 지원하기 위해 자선 콘서트를 개최. 또한 신체장애인의 보행을 도와주는 캠페인을 벌였다.

▷ 말레이지아

말레이지아 암웨이는 1989년 이후 불우한 어린이들을 위해 '희망의 집' 캠페인을 실시하여 이러한 어린이들에게 따뜻한 가정을 제공하도록 노력하고 있다. 또한 양로원을 지원하기 위해 10만 달러를 기부. 암웨이 사원과 디스트리뷰터가 자원봉사자로 활동하고 있다.

▷ 멕시코

멕시코 암웨이는 멕시코시 교향악단과 협력하여 어린이들을 위한 고전 음악 콘서트를 개최. 또한 멕시코 축구팀의 공식 스폰서가 되어 1994년에 미국에서 있었던 축구 월드컵을 지원했다.

▷ 뉴질랜드

뉴질랜드 암웨이는 아이들의 판토마임을 지원. 또한 1994년에 암웨이 테니스 대회의 스폰서가 되었다. 이 대회는 특히 뉴질랜드에서 여성 테니스 선수의 등용문이 되고 있다.

▷ 폴란드

폴란드 암웨이는 폴란드의 역사를 테마로 한 뮤지컬을 지원. 또한 정신박약아 소녀를 위한 교육센터에 매년 2,000달러를 기부하고 있다.

▷ 스페인

스페인 암웨이는 1993년에 불우한 어린이들을 지원하기 위해 세계적인 규모의 캠페인에 참가하여 '어린이의 집'에 1,750,000달러를 기부했다. 또한 스페인의 유명한 요트대회 '킹스 컵'과 빌바오 마라톤 등 스포츠의 스폰서이다.

▷ 대만

대만 암웨이는 대만 아동기금에 40,000달러를 기부하고 한자 콘테스트, 교육세미나, 자선바자회 등을 지원. 또한 비즈니스 리더의 육성을 위한 장학금 제도를 시행하고 있다.

▷ 태국

태국 암웨이는 달동네 어린이들을 위한 교육 프로그램에 자금 지원을 하고 있다. 또한 과거 4년에 걸쳐 '신년 어린이 파티'를 주최하여 매년 달동

네에 사는 3,300명의 어린이들을 초대하여 부모님과 함께 즐거운 시간을 갖는 기회를 만들고 있다.

암웨이 지출국 · 지역 (1996년 8월 현재)

		(진출년도)
1	태국	1959년 11월
2	캐나다	1962년 10월
3	오스트레일리아	1971년 4월
4	영국	1973년 7월
5	홍콩	1974년 4월
6	독일	1975년 9월
7	말레이지아	1976년 3월
8	프랑스	1977년 2월
9	네덜란드	1978년 9월
10	일본	1979년 5월
11	스위스	1980년 2월
12	대만	1982년 11월
13	벨기에	1983년 5월
14	호주	1985년 3월
15	파나마	1985년 7월
16	이탈리아	1985년 11월
17	뉴질랜드	1985년 11월
18	스페인	1986년 6월
19	태국	1987년 5월
20	과테말라	1987년 9월
21	멕시코	1990년 6월
22	한국	1991년 5월
23	헝가리	1991년 6월

24 브라질	1991년 11월
25 마카오	1991년 11월
26 포르투칼	1992년 4월
27 인도네시아	1992년 7월
28 폴란드	1992년 11월
29 아르헨티나	1993년 3월
30 브루나이	1993년 3월
31 체코	1994년 3월
32 터키	1994년 7월
33 슬로바키아	1994년 11월
34 엘살바도르	1995년 1월
35 온두라스	1995년 1월
36 칠레	1995년 2월
37 중국	1995년 4월
38 슬로베이니아	1995년 11월
39 우루과이	1995년 11월
40 코스타리카	1996년 2월
41 포르투칼	1996년 3월
42 콜럼비아	1996년 8월

아시아 전략

일본 암웨이와 AAP가 중핵

글로벌 기업으로서 도약을 계속하는 암웨이 비즈니스. 그 가운데 가장 활동이 활발한 곳이 중국을 비롯한 아시아 태평양 지역이다. 그 중핵이 되는 곳은 1993년에 설립된 암웨이 아시아퍼시픽(AAP)이다. 아시아 전략의 '지휘관'인 클레이그 머린 수석 부사장은 1996년 6월 필자와의 인터뷰 중 암웨이의 아시아 비즈니스를 상세히 설명해주었다.

머린씨에 의하면 암웨이의 아시아 전략은 일본 법인인 일본 암웨이와 AAP가 핵심이 되고 있다.

이 중 AAP에 대해서는 등기상의 본사는 태평양상의 버뮤다섬이지만, 실질적인 본사는 홍콩이다. 일본 암웨이와 마찬가지로 공개 기업이고 주식의 15%가 뉴욕 주식시장(NYSE)과 시드니의 오스트레일리아 주식시장에 상장되어 있다.

주식의 85%는 디보스가와 밴 앤델가의 소유이다.

AAP에 소속된 곳은 중국, 대만, 홍콩, 마카오 등 중국권과 더불어 태국, 말레이지아, 브루나이, 오스트레일리아, 뉴질랜드의 9개 국가와 지역. 1995년 4월에 남중국의 광동성과 복건성에서 스타트한 중국 비즈니스는 1996년 1월말 상하이 진출로 동중국에까지 확대했다. 1996년 7월에는 남경시, 항주시에도 진출했다.

이 결과 중국에서 암웨이 비즈니스를 전개하는 시는 10개 시가 되었다.

암웨이에서는 97년 9월 1일로 다가온 홍콩의 중국반환을 앞두고 "홍콩을 광주시 등 남중국에 편입시키면서 홍콩 암웨이의 직원들 일부도 광주시로 옮겨갔다."고 한다(머린). 대만에 관해서도 마찬가지로 "많은 디스트리뷰터가 대만해협에 인접한 복건성으로 이전하고 있다." 중국, 대만, 홍콩, 마카오를 포함한 중국권의 총책임자는 에버 챈(AAP 수석 부사장)이다.

암웨이 아시아 퍼시픽(AAP)의 경영진
실질적인 본사 = 홍콩 1997년 1월 현재

회장	스티브 밴 앤델
사장	딕 디보스
수석 부사장	애버 챈(중국, 대만, 홍콩, 마카오)
부사장	존 레이 후아트 (말레이시아 담당)
이사	짐 페인
	(오스트레일리아, 뉴질랜드 담당)
이사	이건 맥밀런
이사	잭 소
이사	존 챈

　일본 이외의 아시아 지역에서 성장이 현저한 곳은 암웨이 코포레이션 직속인 한국 암웨이. 1995년 회계연도(1994년 9월 1일~1995년 8월 31일) 매출액은 2억 달러에 달했다. 매출액과 디스트리뷰터 수 모두 일본의 거의 1할 규모에 상당한다.

　암웨이가 다음 진출국으로서 신중히 검토하고 있는 곳은 인도, 베트남, 필리핀 등이다. 머린의 말에 의하면 필리핀에는 1997년 중에 진출할 예정. 인도에도 이미 사무실을 갖추고 시장 규모를 조사중이다. 베트남도 마찬가지이지만 방문판매에 대한 규제법이 있기 때문에 이 법적 문제에 대해서는 정부와 절충중이라고 한다.

　AAP에 소속되어 있는 나라중에는 태국, 말레이지아도 비즈니스가 순조롭게 진행되어 태국은 매간 20%의 성장률을 보이고 있다.

　인도네시아는 베트남과 같이 외국자본에 대한 규제법이 남아 있어 인도네시아 정부의 태도를 지켜보고 있는 중이다.

중국진출이 영향

　AAP의 1996년도(1995년 9월 1일~1996년 8월 31일) 결산은 총매출액이 71,700만 달러로 전년 대비 0.2포인트 감소로 거의 보합세로 끝났다. 영업이익은 12,700만달러로 이것도 역시 0.5포인트 감소했다. 또한 세금공제 후의 이익은 8,200만 달러로 8.5포인트 감소되었다.

　AAP가 1993년에 설립된 후 처음으로 판매·수익 감소라는 결과를 가져왔다.

　이 배경으로는 여러 가지 요인이 있다. 첫 번째로는 에버 챈이 지적한 바와 같이 중국 진출이 본격화됨으로써 홍콩과 대만의 유력한 디스트리뷰터가 중국으로 이동하여 비즈니스를 시작한 것으로 인한 후유증이다. 이 점은 뒤에서 서술할 홍콩 암웨이와 대만 암웨이의 결산에서도 여실히 나타나고 있다.

　두 번째는 오스트레일리아와 뉴질랜드의 부진이다. 오스트레일리아에서

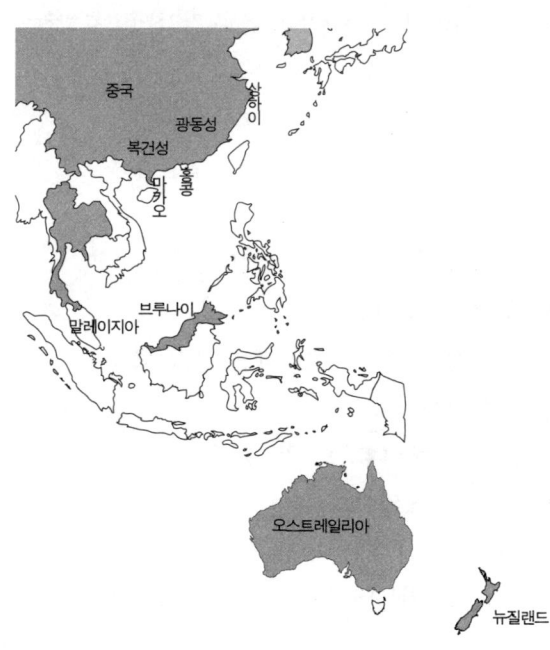

는 디스트리뷰터의 수가 계속 감소하는 추세이다.

한편 태국과 말레이지아는 순조로운 신장세를 나타내고 있다. 특히 태국은 매출액 면에서 32포인트 증가와 업적 확대가 계속되고 있다.

암웨이 아시아 퍼시픽 관할국 · 지역

1995년 4월에 도입한 정수기와 뉴트리라이트의 영양보급식품의 매출액이 호조를 띠어 크게 기여했다.

1996년도의 결산결과는 4 · 3분기(1996년 6월~8월)의 업적이 전년 대비 같은 분기의 매출액고(29.2포인트 증가), 영업순익(46.2포인트 증가), 세금 공제 후 순익(13.3포인트 증가)로 대폭적인 신장률을 보여 이와 같은 신장세가 1997년에도 계속되리라 기대하고 있다.

암웨이 코포레이션의 스티브 밴 앤델 회장(AAP 회장)도 1996년도의 결산 내용에 대해 "AAP의 4 · 3분기의 매출액의 신장은 기대 이상이었다. 이 신장세가 계속되면 1997년도의 전망은 밝다."며 긍정적인 견해를 발표했다.

1996년도에 AAP 산하의 각 나라별 매출액은 다음과 같다. (괄호 안은 전년 대비 신장률, ▼은 마이너스)

▷ 중국 = 6,290만달러(402.5포인트)

* 단 중국 암웨이는 95년 4월 10일부터 비즈니스를 개시했기 때문에 95년 매출액은 5개월의 수치

▷ 홍콩 (마카오를 포함) = 3,850만달러(▼25.4포인트)

▷ 대만 = 1억9,450만달러 (▼30.3포인트)

▷ 말레이지아(브루나이를 포함) = 1억1,150만달러(19.4포인트)

▷ 태국 = 1억6,760만달러 (32.1포인트)

▷ 오스트레일리아 = 1억1610만달러 (▼7.1포인트)

▷ 뉴질랜드 = 2,570만달러 (▼8.4포인트)

한편 1996년도에 있어서 AAP 전체의 갱신 디스트리뷰터 수는 555,000조가 되었다. 각 나라별의 갱신 디스트리뷰터 수는 다음과 같다(중국은 미발

표. 괄호안은 전년대비 신장률 ▼은 마이너스)

▷ 홍콩 = 52,000조 (▼10포인트)

▷ 대만 = 179,000조 (보합세)

▷ 말레이지아 = 95,000조 (19포인트)

▷ 태국 = 117,000조 (24포인트)

▷ 오스트레일리아 = 71,000조 (▼11포인트)

▷ 뉴질랜드 = 17,000조 (보합세)

홍콩의 코즈웨이 지역 번화가

태국, 말레이지아에서 호조를 보이는 요인

일본 암웨이가 디스트리뷰터를 위해 발행하는 월간 〈아마그램〉지는 아시아 각국 암웨이의 활동 상황을 소개하는 특집기사를 연재했다. 그 중에서 태국, 말레이지아, 인도네시아, 오스트레일리아, 대만의 활동 상황을 다음과 같이 발췌했다.

▷ 태국 암웨이

태국 암웨이가 수도 방콕에서 비즈니스를 개시한 것은 1987년. 창업 이래 순조로운 성장을 계속하여 지금은 태국에서 다이렉트 셀링 업계의 최고 기업으로서의 지위가 확고해졌다.

태국 암웨이의 종업원은 약 350명으로 방콕본사를 중심으로 전국 12개 지역의 유통 센터와 4곳에 마련된 픽업센터가 활동거점이다. 제품종류는 이제까지 홈케어, 퍼스널케어의 6라인, 400가지 종류에 추가로 1995년 4월부터 정수기와 뉴트리라이트의 영양보급식품을 도입했다. 이것이 대히트가 되어 1996년도의 매출액고는 전년 대비 32.1 포인트 증가하여 1억6,760만달러에 달했다. 갱신 디스트리뷰터 수도 24포인트 증가하여 117,000조가 되었다.

한편 태국 암웨이는 암웨이의 기업 이념인 지역공헌과 환경보호활동에도 적극적이다. 1995년에는 비즈니스 시스템이 평가받아 태국 마케팅상의 서비스 산업 부문에서 금상을 수상. 전년 1994년에는 '코끼리와 삼림보전기금' 프로젝트가 평가받아 '사회·환경에 대한 공헌' 부문에서 역시 금상을 수상했다.

태국 암웨이의 전무이사인 프리챠 플라코비트는 "태국 암웨이는 앞으로도 더욱 좋은 제품, 독특한 직접판매 시스템, 환경보호활동 등을 통하여 태국의 다이렉트 셀링 산업을 리드해 갈 예정입니다."고 말했다.

▷ 말레이지아 암웨이

암웨이가 말레이지아에서 비즈니스를 개시한 것은 1976년으로 일본 암웨이보다도 먼저다. 단 5명의 스탭으로 출발했지만 말레이지아의 경제성장과 보조를 맞추어 착실히 발전해 왔다.

현재는 사무실과 창고를 겸한 자사 빌딩에 250명 이상의 종업원이 일하는 기업으로 발전했다. 본사 빌딩의 옥상에는 테니스 코트와 체육관도 갖추어져 있다.

말레이지아 암웨이의 제품 라인은 퍼스널케어, 뉴트리션, 홈테크 등으로 말레이지아제의 제품을 도입하는 프로그램도 진행중이다.

지역공헌 활동에도 적극적으로 말레이지아 제1 유스 심포니 오케스트라의 지원과 꿈나무인 어린이들의 올바른 양육에 대한 중요성을 호소하는 캠페인 등에도 참가하고 있다.

말레이지아 암웨이의 전무이사인 존 레이 후아트(AAP 부사장)은 21세기를 향한 포부를 다음과 같이 말했다.

"말레이지아의 다이렉트 셀링 업계는 과거 2년 동안 현저한 신장세를 보였습니다. 앞으로도 계속 성장할 것입니다. 암웨이는 그 리더로서 업계 발전의 최전선에 서 있습니다. 암웨이 하면 많은 사람들이 존경하고 고품질을 나타내는 대명사가 되었습니다. 훌륭한 세일즈 마케팅 플랜, 디스트리뷰터와의 강력한 파트너쉽, 고품질의 제품과 서비스 등이 암웨이 비즈니스의 성공의 열쇠이며 이러한 점을 점차 강화해 갈 예정입니다."

▷ 인도네시아 암웨이

인도네시아 암웨이가 개업한 것은 1992년 7월로 비교적 새롭다. 본사빌딩은 자카르타 근교에 있고 종업원은 약 100명.

제품 라인은 홈케어, 하우스케어, 퍼스널케어 등 약 160가지 종류가 있지만, 1996년 3월부터 뉴트리션의 도입을 시작했다. 디스트리뷰터 수는 25,000조 이상. AAP에 소속되지 않고 암웨이 코포레이션의 직속이다.

▷ 오스트레일리아 암웨이

오스트레일리아 암웨이의 개업은 1971년으로 거슬러 올라간다. 북미 이

외에 암웨이가 진출한 최초의 나라이다.

오스트레일리아의 특징은 취급 제품의 라인업. 200가지 이상의 암웨이 제품뿐만 아니라 캐나다를 통해 제공하고 있는 제품의 다양성은 2,000가지 종류에 이른다.

스탭은 대충 250명. 디스트리뷰터 수는 한때 120,000조 이상 되었지만, 96년도의 갱신 디스트리뷰터는 71,000조로 대폭 감소. 이에 수반해 매출액도 감소 경향이 계속되고 있다.

▷ 대만 암웨이

대만 암웨이의 설립은 1982년. 6명의 스탭과 얼마 안 되는 종류인 홈케어 제품만으로 출발했다. 현재 대만 암웨이의 스탭수는 275명, 180,000조의 디스트리뷰터가 활동하고 있다.

제품 라인은 홈케어, 퍼스널케어, 헬스&피트니스, 홈테크 등 300종류 이상. 대만 암웨이의 시설로는 대북의 본사 오피스, 도원과 고원의 픽업센터 등이 있다.

사회공헌 활동에도 적극적이며 '클린업 월드' 라는 환경 캠페인에 참가하는 것을 비롯해 미숙아 기금에도 기부하고 있다.

대만 암웨이의 매출액은 최근 몇 년 동안 50% 이상의 신장을 나타냈지만, 1996년도 결산에서는 전년 대비 30포인트의 마이너스를 기록했다. 이 배경에는 1995년 4월에 중국 암웨이가 공식 출범하면서 유력한 디스트리뷰터가 해협을 건너 고향 복건성에서 암웨이 비즈니스를 개시한 영향도 무시할 수 없다. 이것으로 볼 때 대만 암웨이는 현재 중대한 기로에 서 있다.

중국 암웨이

스타트는 우여곡절의 연속

홍콩의 구룡역을 오전 8시 35분에 출발한 특급열차는 경제특구인 심천을 거쳐 1시간 5분 후에 중국 광동성의 성도, 광주시의 표현관, 광주 동역에 도착했다. 광주시의 인구는 외곽 지역도 포함하면 대략 6백만명으로 홍콩 인구와 거의 같다.

11월 중순의 광주는 기온이 섭씨 25도 전후로 겨우 땀이 날 정도. '먹을 것이 풍부한 광주'라고 할 정도로 자연의 혜택을 많이 받은 곳으로 알려진 광주지만, 역 주변의 번화가는 사람들로 붐벼 시끌벅적하다.

광주 동역에서 자동차로 약 5분 정도 가자 천하 지역의 근대적인 광주 서점빌딩에 도착했다. "이 빌딩 8층과 9층이 우리 사무실입니다."라고 설명하는 중국 암웨이 섭외부의 빈센트 리안.

낯익은 암웨이의 로고와 나란히 '安利(중국)일용품 유한공사'라는 한자가 눈에 띄었다. 1995년 4월부터 비즈니스를 개시한 중국암웨이(ACCL) 본사 사무실이다.

중국 암웨이는 1992년에 암웨이 아시아 퍼시픽(AAP)의 100% 자회사인 암웨이 퍼시픽(APL)과 에스카다 공업공사에 의해 설립된 합병기업이다.

에스카다 공업공사는 광주경제기술개발지구 행정위원회(GETDD)의 감독하에 투자와 무역을 하는 기관. 출자액은 미화 1억 달러로 출자비율은 APL의 95%에 대해서 에스카다는 5%. ACCL의 시설로는 본사 오피스(3,000평방미터)와 더불어 광주시에는 제조공장(58,000평방미터)과 창고(15,000평방미터)가 있다.

1996년 1월부터 사업을 개시한 상해 지역에는 사무소(1,500평방미터)외에 창고(4,900평방미터)를 소유하고 있다.

더구나 광동성에 6개소 복건성과 상하이지역에 각각 2개소씩 합계 10개소의 유통센터가 있고 이들 센터에서는 디스트리뷰터의 교육도 실시하고

광주시의 중국 암웨이 본사 접수처   섭외부의 빈센트 리안

있다.

중국 암웨이의 종업원은 1996년 11월 현재 약 740명. 등록 디스트리뷰터는 대충 70,000조이다. 이 가운데 DD 레벨의 디스트리뷰터는 300조 정도라고 들었다. 중국 암웨이의 경우 판매된 제품의 85%가 디스트리뷰터 자신에 의한 자기 소비이다.

총무부, 기술관리부, 섭외부 등 본사 사무실안을 리안이 안내해 주었다. 모두 미국식으로 매우 청결하다. 스탭의 책상 위에는 퍼스널 컴퓨터가 놓여있고 벽에는 '금연' (NO SMOKING)이라고 쓰여진 종이까지 붙어 있다.

에버 챈이 필자와의 인터뷰에서 말한 바와 같이 중국 암웨이는 스타트 이후 우여곡절의 연속이었다. 다이렉트 셀링이 중국에서는 매우 색다른 판매방식이었던 것과 더불어 암웨이 진출 이후 피라미드식의 멀티 상법(다층판매방식)이 우후죽순으로 출현, 사기 상법에 의한 피해가 속출한 것도 당국의 태도를 강경하게 만든 요인이 되었다. 비즈니스를 개시한지 불과 7개월 후 1995년 11월에는 암웨이 비즈니스의 중핵인 디스트리뷰터 모집(스폰서십)의 일시 정지로 인해 곤경에 처했다. 중국당국이 모든 다이렉트 셀링 비즈니스에 대해서 규제와 감사에 들어갔기 때문이다.

이에 대해 AAP의 스티브 밴 앤델 회장은 당시 성명서에서 "우리들은 중국 정부가 다이렉트 셀링 행위를 적당히 규제하는 정책을 지지한다. 암웨이는 중국 정부에 전면적으로 협력하고 올바른 다이렉트 셀링이 중국에 정착하도록 노력을 계속할 것이다."라고 밝혔다. 또한 에버 챈도 다음과 같은 성명을 발표했다.

"중국에서의 비즈니스 전개에 대한 암웨이의 결의는 확고하다. 과거 4년 간 우리들은 중국정부의 모든 레벨의 사람들과의 관계 강화에 노력해왔다.

이번의 디스트리뷰터 모집에 관한 일시 정지 조치는 단기적으로는 암웨이 비즈니스에 악영향을 주게 될 것이다. 그러나 장기적으로는 중국 당국과 협력해 가는 것이 암웨이의 이익으로 연결될 것이라고 확신한다.

이번의 중국 당국에 의한 감사에서 중국에서의 다이렉트 셀링 비즈니스에 대해서 명확한 지침이 만들어지면 암웨이와 같이 법률에 따라 비즈니스를 하는 기업에게는 사업 하기가 더욱 좋은 환경이 조성되리라 기대한다."

중국은 잠재적인 거대 시장

이어서 리안의 암웨이와의 만남에 대해 적어 본다. 중국 암웨이 탄생의 숨결이 전해져오기 때문이다.

리안은 광동성 근처의 강서성 출신으로 28세이며 아직 독신이다.

1985년 중국 동북부의 길림성에 있는 길림대학에 입학해 정보공학을 전공했으며 1989년에 졸업했다. 광주시로 돌아온 뒤에는 광동성립전자 시험 연구소에 들어갔다.

4년간의 연구원 생활은 대학 시절에 공부한 영어 능력을 살려 "오로지 영어와 중국어 번역과 통역에 몰두했다."(리안)고 한다.

1993년 중국 진출 준비를 추진중이던 암웨이가 신문에 구인광고를 낸 것을 보고 응모했다고 한다.

동기는 '미국 회사'였기 때문이고 "당시는 암웨이라는 이름이나 다이렉트 셀링에 대해서 아무것도 몰랐다."

리안은 1996년 10월 처음으로 에이다의 암웨이 코포레이션을 방문했다. "훌륭한 시설과 경영능력 특히 충실한 연구개발(R&D) 시설을 직접 눈으로 보고 암웨이가 '대단한 회사'라는 것을 알게 되었고 암웨이 비즈니스에

품질관리실의 양충량(梁忠良) 주임연구원

생산공장의 안지영(顔志榮)

대해서도 확신을 갖게 되었다."고 한다.

중국 암웨이의 장래성에 대해서도 낙관적이다.

"지금은 확실히 여러 가지 어려움에 처해 있지만 장래는 밝다. 중국은 잠재적인 소비재의 거대 시장이며 암웨이에 있어서의 비즈니스 찬스는 헤아릴 수 없다. 암웨이 비즈니스에는 위험부담이 거의 없다는 것도 중국인에게는 매력적이다. 나는 앞으로 발전할 중국 암웨이의 중심이 되고 싶다."

중국 암웨이의 본사 빌딩에서 남쪽으로·약 20킬로, 자동차로 30분 정도 달리면 중국 광주경제기술 개발구역에 도착. 중국 암웨이의 생산부문을 혼자서 떠맡은 공장시설이 있다.

이 공장의 안지영(顔志榮) 생산·유통부장이 안내를 해주었다. 대지 면적은 58,000평방미터. 가동하는 제조공장의 면적은 14,000평방미터로 홈케어 제품과 퍼스널케어 제품을 생산하고 있다고 한다.

현재 생산하는 홈케어 제품은 세탁용 세제 SA8을 비롯해서 주방용 세제 등 액체세제 5품목. 퍼스널케어 제품으로는 샴푸, 컨디셔너, 로션, 모발 스프레이 등 9개 품목. 합계 14품목으로 생산 라인은 매우 심플하다.

생산공장의 액체세제 제조현장

공장에서 일하는 종업원은 120명인데 3교대로써 24시간 풀 생산 체제로 가동하고 있다.

공장을 둘러보았다. 2개의 생산라인과 더불어 품질관리실도 있어 연구원들이 제품의 품질 체크를 한다. 양충량(梁忠良) 주임연구원 은 "암웨이 제품이 고품질인 이유는 엄중한 품질관리에 있다. 그러므로 우리들의 책임은 무겁다."고 한다. 원료의 일부는 외국에서 수입하지만 대부분은 중국내에서 조달한다.

일본에서 대히트한 정수기나 뉴트리라이트제의 영양보급 식품이 없는 것은 왜인가.

안지영에 의하면 중국 정부는 원칙적으로 미국 등 외국으로부터의 제품 수입을 허용하지 않고 있기 때문이다. 그는 더불어 "그리고 정수기 등은 너무 고가이고 현재 중국의 생활 수준에서는 팔릴 전망이 없다."라고 말했다.

더구나 외국에서 들여오는 수입품에는 30%의 관세를 적용한다. 원료의 대부분을 중국 내에서 조달하고 있는 이유에는 이러한 관세상의 문제도 있는 것같다.

중국 암웨이에서는 현재 홈케어와 퍼스널케이의 두 제품 라인을 유지하면서 외국 제품의 수입에 관한 정부의 규제완화 움직임을 지켜보고 정수기 등의 홈웨어나 영양보급 식품의 도입을 검토해 갈 작전인 것같다.

양충량의 말에 의하면 상해 암웨이에서는 이미 영양보급 식품의 도입에 대해 검토를 개시하고 있다고 한다. 상해와 같이 경제성장이 현저한 지역에서는 부유한 계층도 상당수 생겨나고 있고 당국의 규제만 완화되면 영양보급 식품뿐만 아니라 정수기에 대해서도 꽤 수요가 기대될 것이다.

중국 암웨이의 사장인 오디 원은 월간 〈아마그램〉의 1995년 9월호에서 다음과 같이 말하고 있다

"창업가 정신을 가진 사람이 많고 보다 좋은 생활을 지향하는 사람들로 넘치는 중국에서는 암웨이 비즈니스는 대환영을 받고 있습니다. 중국 암웨이는 소비자 한 분 한 분에게 고품질의 제품과 서비스 제공을 통하여 중국에서 최고의 업적을 올려 칭찬받는 기업이 되도록 최선을 다할 것입니다."

에버 챈 AAP 수석 부사장 인터뷰
"간단하지는 않지만 불가능하지도 않다."

(홍콩의 AAP 본사에서 1996년 11월 12일)

중국 대륙이라는 거대한 자석

Q 우선 AAP, 중국 암웨이, 홍콩 암웨이, 그리고 대만 암웨이에서의 당신의 역할에 대해
　설명해 주십시오.

A AAP는 주식을 공개한 기업입니다. 나는 AAP의 이사회 수석 부사장이
라는 지위에 있습니다. 실제 직무는 담당 지역이 경영책임자 요컨대 암웨
이 중국권 담당 사장이라는 표현이 가장 알기 쉽겠네요. 중국권이라고 할
경우 중국, 대만, 홍콩, 마카오를 가리킵니다.

　중국과 대만은 독립법인이지만 각각 이사회가 있습니다. 나는 중국 암웨
이와 대만 암웨이 양쪽 이사회 회장으로 대표권을 갖고 있습니다. AAP의
사장은 딕 디보스이기 때문에 나는 직접 딕에게 사업 내용을 보고합니다.
내 밑에는 4명의 부장이 있는데 대만 담당부장이 한 사람, 중국 담담부장이
세 사람입니다.

에버 챈 AAP 수석 부사장

Q 주식공개 내용을 구체적으로

A 뉴욕 증권거래소(NYSE)와 오스트레일리
아의 증권거래소에 상장되어 있습니다. 공개
주식 수는 약 15%로 나머지 85%는 디보스
가와 밴 앤델가의 소유입니다.

Q 1996년도(1995년 9월-1996년 8월)의 결산을
보면 매출액, 이익 모두 전년대비로 보았을 때 보합
상태인 것같군요.

A 여기에는 이유가 있습니다. 1995년 4월에
중국 암웨이가 영업을 개시한 것이 큰 영향

을 미쳤습니다.

대만과 홍콩의 매출액이 저조한 것은 두 지역의 리더격인 톱 디스트리뷰터가 판매활동의 거점을 중국으로 옮겼기 때문입니다. 그들은 중국 대륙이라는 강력한 자석에 끌려간 것입니다.

Q 중국 진출의 여파입니까?

A 중국에 진출할 무렵 우리들은 약 1억 달러를 중국 시장에 투자했습니다. 대단히 중대한 선행투자입니다만, 우리들은 필요한 투자라고 판단했습니다. 왜냐하면 암웨이라는 회사와 제품에 자신이 있을 뿐 아니라 우리들에게는 시장을 개척하기 위해 함께 일해줄 디스트리뷰터 조직이 있기 때문입니다.

그러므로 디스트리뷰터의 관심이 중국으로 이행됨으로써 대만과 홍콩의 매출액이 떨어졌다고 해도 그렇게 비관하지 않습니다. 단순히 사이클의 일부라고 생각합니다.

대만이나 홍콩의 디스트리뷰터가 아무튼 중국에서 디스트리뷰터로 성장할 수 있기 때문입니다.

중국에서 다이렉트 디스트리뷰터(DD) 클래스가 많이 육성되면 대만이나 홍콩의 디스트리뷰터는 반드시 가족이 있는 곳으로 돌아오겠지요. 그러므로 장래에 대해서는 걱정하지 않습니다만, 몇 년은 영향이 있을 것이라고 각오하고 있습니다.

Q 대만이나 홍콩의 디스트리뷰터한테 중국에 진출할 것을 장려하고 있습니까?

A 그런 일은 없습니다. 내가 그들에게 말하는 것은 자신들의 시장에 머물러 주길 바란다는 것입니다. 왜냐하면 조직이 힘을 발휘할 수 있는 곳은 자국 시장이기 때문입니다. 그리고 중국에 가게 되면 도항비, 호텔비 등 경비가 많이 지출됩니다.

단 암웨이 비즈니스는 진정한 의미에서 프리엔터프라이즈(자유 기업이며 디스트리뷰터는 독립된 사업주이기 때문에 중국에 큰 비즈니스 찬스가 있다고 생각하면 대륙에 나가는 것은 자연스런 현상이라고도 할 수 있습니다. 나로서는 그들이 빨리 돌아와 주길 바랍니다.

Q 그렇군요. 다만, 대만의 업적이 좋지 않다는 것은 지금의 설명만으로는 이해가 잘 안 됩니다.

A 대만에 대해서는 시장에 도입한 신제품의 사이클에도 원인이 있는지도 모릅니다. 예를 들면 1995년도에는 정수기라는 고가의 제품을 시장에 투입해서 꽤 많은 매출액을 올렸습니다. 그러나 정수기는 세제나 화장품과는 달라 오랜 기간 사용할 수 있기 때문에 바로 새로 구입할 필요는 없습니다. 1996년도는 정수기에 필적할 만한 히트 상품이 없었던 것입니다.

Q 일본에서는 정수기가 히트 상품이 되어 지금까지도 잘 팔리고 있습니다.

A 일본과는 시장규모가 다릅니다. 대만의 인구는 약 2천만명, 홍콩은 6백만명밖에 없습니다. 일본과는 비교가 안 됩니다.

중국제품을 판다

Q 다음으로 중국 암웨이에 대해서 듣고 싶습니다. 어제(11월 11일) 광주시에 가서 공장을 취재하고 왔습니다. 중국 비즈니스의 현상황부터 말씀해 주시기 바랍니다.

A 우선 말씀드리고 싶은 것은 중국이 개발도상국이라는 점입니다. 외국자본기업의 비즈니스 활동에 대한 허용 여부를 중국 정부가 법률과 규제로 엄중히 관리하고 있습니다. 암웨이가 중국에 진출할 때도 담당 공무원에게 "중국에서 어떤 사업을 하고 싶은 것인가. 중국에서 제품을 팔고 싶은 것인가."라는 질문을 받았습니다.

Q 외국 제품을 수입하여 중국 국내에서 파는 것은 대단히 어려운 것같군요.

A 그렇습니다. 국유의 우의상점(友誼商店)에 두면 가능합니다. 아시는 바와 같이 암웨이 비즈니스는 디스트리뷰터에 의한 다이렉트 셀링이 기본이

기 때문에 우의상점에서 팔 수 없습니다. 그러자 그 공무원은 이렇게 말했습니다.

"그러면 합병회사의 메이커로서 와 주십시오. 기술을 이전하고 고용을 창출하여 중국에서 제품을 생산하는 것이 진출을 허용하는 조건입니다. 장래는 제품을 수출하는 것도 목표로 해주십시오. 그리고 외화를 벌어 주십시오. 중국에서 생산한 제품을 파는 것이라면 당신들의 다이렉트 셀링 방식도 인정하겠습니다."

광주시에 지어진 암웨이 공장의 성격은 중국 시장에 참여하기 위한 대가의 의미가 깃들여 있습니다.

Q 광주시의 공장은 퍼스널케어와 홈케어, 즉 화장품과 세제밖에 만들지 않는 것같습니다만.
A 한 번에 두 가지 일은 할 수 없습니다. 중국 암웨이에 대해서는 1992년 9월에 합병사업 계약서에 사인하고 1995년 4월에 사업을 막 시작했습니다. 그 동안에 당신이 보신 공장을 지었습니다.

우리들은 우선 리퀴드(액체) 공장부터 시작하려고 합니다. 세탁용세제, 식기용 세제, 유리크리너 등의 생산입니다. 샴푸와 로션도 만들고 있습니다.

디스트리뷰터의 육성이 급선무
Q 장래는 암웨이의 다른 카테고리 제품도 생산합니까?
A 그렇습니다. 중국은 가능성이 있고 중국 시장은 유망합니다. 암웨이 제품의 좋은 품질을 평가해 주는 소비자가 많이 있습니다. 단 제품 카테고리를 확대할 경우라도 한 번에 하나씩 해 나갈 것입니다.

Q 트리플X와 같은 영양보급 식품에 대한 엄격한 규제가 있는 것같습니다.
A 그렇습니다. 중국에서는 모든 것에 대해서 교섭과 의논이 필요합니다. 무엇이 의약품이고 무엇이 건강식품인가라는 것에 대해서도 명확한 법률이나 규칙이 없습니다. 중국에서는 간단한 것은 하나도 없습니다만, 그렇다

고 불가능한 것도 없습니다. 뉴트리라이트의 영양보급 식품이 건강식품으로 인정될지 어떨지 아직 모르겠습니다만, 우리들은 당국과 교섭을 계속하고 있습니다. 나는 낙관적이라고 생각합니다.

Q 영양보급 식품이 건강식품으로 인정되면 뉴트리라이트 제품을 중국에 직접 수입할 수 있게 됩니까?
A 몇 단계를 거쳐야만 하겠지요. 첫 번째는 뉴트리라이트 제품이 건강식품으로 인정받는 것입니다. 두 번째는 중국에서 건강식품을 다이렉트 셀링 방식으로 판매할 수 있도록 하는 것입니다. 중국에서는 특정 제품 분야에 대해서는 다이렉트 셀링 방식의 판매를 제한하고 있기 때문입니다. 예를 들면 우리들은 보석류를 살 수 없습니다. 의약품도 안 됩니다.

Q 암웨이 비즈니스의 골격이라고 할 수 있는 디스트리뷰터의 인재발굴은 어떻게 되고 있습니까?
A 대단히 중요한 문제입니다. 암웨이 비즈니스를 이해하고 있는 디스트리뷰터의 육성이 급선무입니다. 제품으로서는 츄어블(씹어먹는) 제품이 유망하지요. 중국에서는 한자녀 낳기 정책을 펴고 있기 때문에 부모는 아이들을 매우 소중히 여기고 어린이의 건강에는 매우 신경을 써요. 어린이를 위해서라면 돈을 아끼지 않고 사용합니다. 이런 점으로 미루어 볼 때 뉴트리라이트 제품은 매우 유망하다고 생각합니다.

Q 중국 당국은 한때 다이렉트 셀링 방식을 전면적으로 금지했다고 합니다만.
A 1992년에 합병계약을 주고받을 무렵 중국에서는 방문판매에 대한 지식이 거의 없었습니다. 당시 중국에서 방문판매로 비즈니스를 한 곳은 에이본뿐이었습니다. 그런데 암웨이가 다이렉트 셀링에 의한 비즈니스를 시작하는 것을 알고 많은 방문판매 기업이 비즈니스를 시작했습니다. 대부분이 사기 상법이었기 때문에 피해가 속출했던 것입니다.
Q 그렇군요

A 1994년 여름 상황이 악화되었습니다. 피해를 입은 사람들이 관청에 몰려와 항의했기 때문에 중국 당국은 1995년 10월에 포고를 발표해 판매기업의 활동 정지를 명했던 것입니다.

우리들은 판매나 마케팅 플랜, 환불보증제도, 제품의 내용 등에 관한 보고서를 제출했습니다. 163개사가 승인 신청서를 제출하여 1996년 4월에 최종승인을 받은 곳은 41개사였습니다. 우리들은 최초로 승인받은 기업으로 승인 번호는 001입니다.

앞으로 나가기보다는 우선 기반을 다지고

Q 암웨이는 현재 상하이, 남경, 항주까지 진출했습니다만, 앞으로 진출지역은?

A 지리적인 확대에 대해서는 몇 가지 조건이 있습니다. 새로운 지역에 진출할 경우 절차와 룰이 더 명확해져야 합니다. 중국 정부는 현재 승인한 41개사의 비즈니스 방법에 대해 조사하고 있는 단계이기 때문에 좀더 지켜볼 필요가 있습니다. 단 암웨이는 이미 판매 거점을 둔 도시는 10곳뿐이라도 인구는 5,100만명에 이르고 있습니다. 그러므로 당분간은 앞으로 나가기보다는 기반을 다질 시기라고 생각합니다.

Q 북경에 대한 진출은 검토되고 있습니까?

A 북경에는 여하튼 판매 거점을 두고 싶다고 생각합니다. 단, 다시 말씀드리지만, 중국에서 비즈니스를 하는 데는 인내심이 필요합니다.

Q 현재 암웨이 비즈니스를 매출액 면에서 받쳐주는 곳은 미국과 일본입니다. 21세기 초에는 중국 암웨이가 세계에서 세 번째 중심지가 될 수 있습니까?

A 그렇게 되길 바라고 있습니다만, 대단한 인내가 필요합니다. 아시아인의 가치관은 기회가 있는 한 바쁘게 일하고 수입을 늘려 돈을 저축해 간다는 것입니다.

이 점은 중국에서도 마찬가지입니다. 디스트리뷰터의 질이라는 점에서 생각해도 중국 시장은 거대한 가능성이 내재해 있습니다.

Q 문제점은 어디에 있습니까?

A 첫 번째는 중국의 생활수준이 일본 등과 비교해 훨씬 낮다는 점입니다. 상하이와 같이 비교적 풍요로운 도시도 있어서 어느 정도의 구매력이 있습니다. 그러나 압도적인 다수의 중국 민중한테는 암웨이 제품은 그림의 떡입니다.

두 번째는 당국의 태도입니다. 앞서 말씀드린 바와 같이 현단계에서는 에이다에서 제조한 제품을 그대로 수입할 수 없습니다. 이러한 정책이 장래에 변할 수 있을지 의문입니다.

세 번째는 중국이 사회주의 국가라는 점입니다. 암웨이는 디스트리뷰터의 미팅이 빈번히 이루어집니다만, 이러한 암웨이 문화는 중국에서는 매우 색다른 것입니다. 언론이나 집회의 자유에 대해서도 중국에서는 간단하지 않습니다. 우리들의 기본 방침은 중국 당국의 정책에 따르는 것이기 때문에 당국을 자극할 것 같은 대규모 집회는 삼가하고 있습니다.

Q 광주시에 있는 중국 암웨이 본사를 본 첫인상은 확실히 미국문화 그 자체라는 느낌이었습니다. 청결하고 컴퓨터화되어 있고 더구나 사무실 안은 금연을 실행하고 있었지요.

A 청결하고 질서정연하다든가 근대적이며 효율적이라는 점은 문제되지 않습니다. 문제는 디스트리뷰터들이 미팅을 열면 "이것은 어떤 집회인가, 비즈니스 얘기뿐인가, 미국의 가치관을 주입시키려고 하는 것은 아닌가." 라는 식으로 당국이 신경을 곤두세우고 있는 것입니다. 그러므로 정부를 달래면서 비즈니스를 추진해 가야만 합니다.

'홍콩 반환'으로 인한 변화는?

Q 암웨이 비즈니스에 대한 이해를 구하기 위해 노력한 것은 무엇입니까?

A (중국어로 쓰여진 소책자를 보이면서) 이것은 암웨이 비즈니스에 대해 설명한 것입니다. 10항목의 금지사항이 열거되어 있습니다. 영웅숭배를 허용하지 않는다는 것도 있습니다. 대중의 힘, 집단의 힘을 강조하기 때문입

니다.

또한 미팅에서 정치나 종교 이야기를 하는 것도 금하고 있습니다. 만약 그러한 행위를 한 경우에는 바로 디스트리뷰터 자격을 취소합니다. 중국 암웨이에서는 디스트리뷰터의 자격을 매우 엄격히 규정하고 있습니다.

Q 1997년 7월 1일에는 드디어 홍콩이 중국에 반환됩니다. AAP에 뭔가 변화가 있습니까?

A 큰 변화가 있을 거라고는 생각하지 않습니다. 중국 정부는 홍콩의 외국 기업을 보호해 갈 것입니다. 내가 걱정하는 것은 중국 정부가 홍콩에 지나친 참견을 하지 않을까라는 점입니다.

홍콩이 번영한 것은 정부의 자유방임주의 덕분입니다. 중국 정부의 과도한 간섭을 걱정하고 있습니다.

그들은 자본주의나 자유경제가 어떤 기능을 하는지 아직 모르고 있습니다. 다만 전체적으로 내다볼 때 낙관적이라고 생각합니다.

Q AAP 본사는 홍콩에 머무를 것입니까?

A 물론입니다. AAP는 상장기업이기 때문에, 그 점은 문제되지 않습니다. 1994년 7월 1일이 도래해도 극적인 변화는 일어나지 않겠지요. 단지 중국의 일부가 되는 셈이기 때문에 홍콩 암웨이와 중국 암웨이의 관계는 보다 긴밀해질 것은 틀림없습니다.

Q 당신이 암웨이 비즈니스 참여하게된 경위를 말씀해 주십시오.

A 내가 홍콩 암웨이에 들어온 것은 1977년입니다. 당시 25살이었지만 미국의 대기업으로 비즈니스 찬스가 있다고 생각했습니다. 환불보증제도가 특히 마음에 들었습니다.

입사 당시는 사원이 5명뿐이었습니다. 얼마 되지 않아 대만도 맡게 되어 나자신의 시야를 넓혀 가는 것이 인센티브가 되었습니다.

Q 중국 비즈니스에는 특별한 생각이 있었습니까?

A 최대의 동기는 암웨이 비즈니스가 중국 민중의 생활을 어떻게 바꿀까를 지켜보는 것입니다. 나는 중국인이기 때문에 중국 민중의 생활 수준을 향상시키기 위해 일하고 싶어하는 사람들에게 비즈니스 찬스를 주는 것이 나의 사명이라고 생각합니다. 돈만이 목적은 아닙니다.

Q 중국 진출은 당신의 아이디어라고 들었습니다만.

A 자아, 경위를 말씀드리면 1988년에 딕 디보스로부터 암웨이 코포레이션 대표로서 북경에서 열리는 경제회의에 참석하라는 요청이 있었습니다. "중국에 대한 투자 가능성을 알아보길 바란다."는 것입니다. 회의 후에 딕에게 중국 시장이 유망하다는 보고서를 제출해 딕의 승인을 얻어 1992년에 합병 계약에 이른 것입니다.

•••

에버 챈(鄭李錦芬) 1952년 10월 26일 홍콩에서 출생. 홍콩대학 졸업 후 동 대학원에서 MBA(경영학 석사) 취득. 홍콩정부 청사에 근무한 후 1977년에 홍콩 암웨이에 입사. 마케팅 부장 등을 거쳐 1988년에 홍콩 암웨이, 대만 암웨이 전무이사. 1993년 11월에 암웨이 아시아 퍼시픽(AAP)가 설립되어 부사장으로 취임.

홍콩 다이렉트셀링협회 회장. 1995년에는 광주시 청소년 복지기금의 해외고문으로 임명되었다. 가족은 의사인 남편과 세 자녀가 있다.

제7장 신세대를 향한 다이렉트 셀링

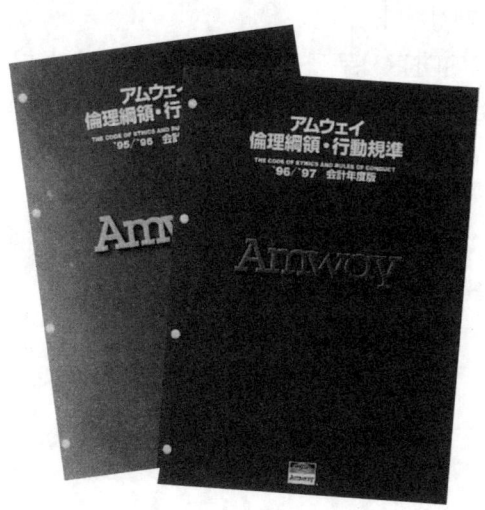

일본 암웨이의 신구간 『논리강령 · 행동규준』

암웨이를 대표하는 다이렉트 셀링(무점포 직접판매)이 일본뿐 아니라 세계 규모로 새로운 시대를 맞고 있다. 방문판매협회 세계연맹(WFDSA)이 1995년에 반품제도를 의무화한 신논리강령을 채택, 일본을 포함한 가맹국 11개국이 비준했다.

한편 일본에서도 개정 방문판매법이 1996년 11월 21일부터 시행되었다. 신방판법에서는 전화 권유 판매에 관한 규정이 신설된 것 외에 연쇄판매 거래에 대한 규제도 강화되었다. 이것을 수용해 일본 암웨이도 '논리강령·행동규준'을 개정했다.

이 장에서는 WSDEF사무국장인 닐 오펜씨와의 인터뷰를 토대로 WSDEF의 신논리강령 내용과 목적을 소개. 특히 신방판법과 암웨이의 신논리강령·행동규준을 상세히 서술했다.

세계 방문판매협회의 신윤리강령

반품제도를 의무화했다.

방문판매협회 세계연맹(WFDSA)은 1978년에 설립되었다. 미국의 수도 워싱턴에 사무국이 있고 1996년말 현재의 가맹국 수는 일본을 비롯해서 43개 국가와 지역이다.

WFDSA의 살림을 실제로 꾸려나가는 사람은 사무국장으로 미국 다이렉트셀링 협회(DSA) 이사장인 닐 오펜이다. 3년에 1회 세계대회를 열게 되어 있고 1996년 9월에 오스트레일리아의 시드니에서 제9회 세계대회가 열렸다.

WFDSA가 1995년에 채택한 신윤리강령은 '소비자에 대한 행동 규칙'과 '방문판매원, 방문판매원간 및 기업간에 대한 행동규준' 두 가지의 행동규준으로 되어 있다.

이 신윤리강령의 특징은 기업에 반품제도를 의무화한 것 외에 판매원이 회사를 퇴직할 때 재고품의 90%까지 기업이 인수하도록 한 규정을 포함시키는 등 기업의 책임을 엄격하게 규정한다는 점에 있다.

이 점에 관해서 신윤리 강령의 작성에 참여했던 오펜과 필자와의 인터뷰 내용중에 상세히 설명하고 있다. 다음은 1995년 9월(워싱턴)과 11월(동경) 2번의 인터뷰를 정리한 것이다.

Q 다이렉트 셀링은 각국에서 발전 과정에 있습니다만, 세계적인 추세는 어떻습니까?

A 세계연맹의 보고서에서는 1994년 총매상은 가맹 43개국 · 지역 합계로 대략 680억달러였습니다. 일본을 제외한 전년 대비 신장률은 18%입니다. 미국의 신장율은 10.5%인 데 반해 일본은 거의 1993년과 같았습니다. 특히 성장이 현저한 지역은 구 동구권, 동아시아, 중남미 등입니다.

마찬가지로 판매원의 총수는 17,574,200명이었습니다. 세계연맹 미 가맹 국인 중국에는 이미 50만명의 판매원이 있다는 보고도 있어 이 숫자를 더 하면 세계에는 1,800만명 이상의 판매원이 있는 셈입니다.

Q 국가별로 보았을 때 매출액과 판매원 면에서 모두 일본과 미국이 압도적이군 요.

A 그렇습니다. 1994년의 통계로는 매출액의 톱은 일본이 300억달러로 미국은 거의 반인 165억달러였습니다. 판매원 수에서는 반대로 미국이 톱으로 630만명인데 비해 일본은 200만명으로 보고되어 있습니다.

다이렉트 셀링의 매출액과 판매원 수 (세계연맹 가맹국)

국명	(년)	매출액 (백만달러)	판매원수 (천명)	국명	(년)	매출액 (백만달러)	판매원수 (천명)
아르헨티나	94	1014	350	말레이지아	93	510	350
오스트레일리아	94	1000	400	멕시코	94	2000	900
오스트리아	94	190	6.2	네덜란드	93	130	33.75
벨기에	94	128	14	뉴질랜드	94	117	68
브라질	94	1950	850	노르웨이	93	80	8
캐나다	94	844	600	페루	94	160	100
칠레	94	108	80	필리핀	92	74	420
체코	93	22	18.63	폴란드	94	92	165
덴마크	94	35	3.62	포르투칼	93	83	33.6
핀란드	94	79	8	싱가폴	94	99	35
프랑스	93	1100	250	슬로베니아	94	28	4.9
독일	94	2630	191	남아프리카	94	300	100
그리스	93	22	24	스페인	93	691	84.5
홍콩	94	109	105	스웨덴	94	100	31
헝가리	94	59	115.7	스위스	93	196	5.7

인도	94	60	10	대만	94	1770	2000
인도네시아	94	160	600	태국	93	448	250
아일랜드	94	22	5.5	터키	94	75	110
이스라엘	94	45	7.5	영국	94	1474	450
이탈리아	94	1320	400	미국	94	16550	6300
일본	94	30320	2000	우루과이	94	46	29
한국	94	1330	156.9				
합 계						67570	17574.2

(주) 중국 무역성에 의하면 중국에서 활동하는 판매원수는 50만명 무역성은 매상고에 관해서는 발표하지 않았다.

출처 : WFDSA

미국과 일본 이외에 10억 달러 이상의 매출액을 기록한 '10억 달러 클래스' 국가로는 아르헨티나, 오스트레일리아, 브라질, 프랑스, 독일, 이탈리아, 한국, 멕시코, 대만, 영국 10개국이 있습니다.

Q 판매원 수에서 보면 미국의 매출액은 더 성장률을 보여야 되는 것이 아닌지요.
A 이 수치는 가맹 각국의 방문판매협회에서 보고한 것을 그대로 기록한 자료입니다. 따라서 일본의 방문판매협회에 일본의 판매원 수를 계산하는 방법을 물어볼 필요가 있습니다. 아마 미국의 계산 방법과는 다르겠지요. 일본의 판매원 수는 미국에 비해 너무 적습니다. 예를 들면 일본 암웨이에서는 작년 11월에 갱신 디스트리뷰터수를 98만조라고 발표했습니다. 부부가 한조이기 때문에 이것으로 미루어 보면 이미 200만명 가까이 됩니다.
미국 DSA에서는 매년 가맹 기업에 대해 실제로 활동하고 있는 판매원이 1월 1일부로 몇 명인지를 확인하고 있습니다.

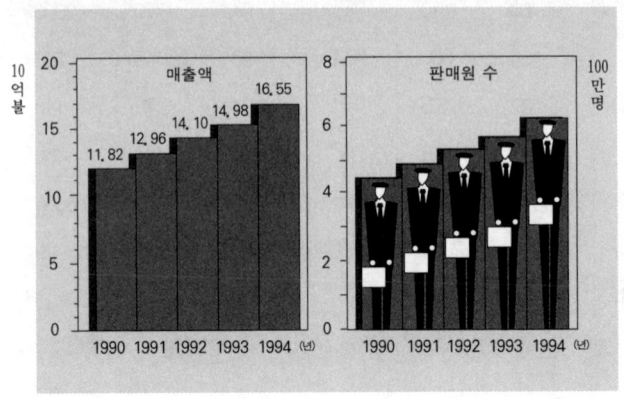

미국의 다이렉트 셀링의 매출액고와 판매원 수 추이 (출처) 미국 DSA

 특히 연간 몇 명의 판매원이 새로 추가되고 있는지를 조사합니다. 이 두가지 숫자를 더해서 판매원 수를 산출하는 것입니다. 이 방법을 이용하면 한 사람이 두 번 계산되는 케이스도 나옵니다. 어느 판매원이 에이본 상품뿐만 아니라 메리케이 화장품도 취급할 경우 우리들의 통계로는 두사람으로 계산됩니다. 2개사(社) 이상의 상품을 팔고 있는 판매원의 비율은 11%라는 조사결과도 있습니다. 미국의 판매원수 630만명 중에 60만명 정도는 공제할 필요가 있는지도 모릅니다.

불황에 강한 다이렉트 셀링 업계

Q 미국의 다이렉트 셀링은 순조롭게 성장해 왔습니까?

A 매출액, 판매원수 모두 1990년부터 매년 착실히 성장세를 나타내고 있습니다. 단 미국은 1980년대초 4년간 매출액이 제자리 걸음을 했습니다. 그후 착실히 성장하기 시작해 성장과 보합상태의 사이클이 있었습니다.

 일반적으로 다이렉트 셀링 업계는 불황에 강합니다. 불황일 때는 가계

닐 오펜

수입을 돕기 위해 파트타임 판매원으로 일하려는 사람이 늘어나기 때문입니다. 최근 몇 년 동안은 호황, 불황에 관계없이 판매원, 매출액 모두 성장했습니다.

Q 미국의 경우 다이렉트 셀링에 의한 수입은 보완적인 수입이라고 생각할 수 있겠군요.

A 그렇습니다. 미국의 전소매업에서 차지하는 다이렉트 셀링의 매출액 비율은 1%에 불과합니다. 또한 다이렉트 셀링의 판매원은 파트타임적인 요소가 지극히 강하고 주당 30시간 이상 일하는 사람은 전체의 8.4%에 불과합니다. 판매원의 50%는 노동시간이 주당 10시간 이상입니다.

여성의 50%, 남성의 80%는 다이렉트 셀링 이외에 풀타임의 일을 갖고 있습니다. 다이렉트 셀링에 의한 수입은 어디까지나 보완적인 것입니다.

Q 일본과 같이 성숙된 시장이군요. 여기에 성장이 둔화된 원인이 있는 것이군요.

A 그것도 한가지 이유겠지요. 강조해 두고 싶은 것은 다이렉트 셀링이라는 것은 산업의 한 분야일 뿐 아니라 어디까지나 판매수법이라는 것입니다. 소비재를 파는 하나의 수법입니다. 이머징(신흥) 시장에서는 특히 여성들에게 있어서 고수입을 얻을 수 있는 좋은 비즈니스라고 할 수 있습니다. 가령 상하이에서는 에이본 레이디들의 수입은 남성 변호사 수입의 몇 배에 달한다는 이야기도 있을 정도입니다.

회사 근무와 같이 시간에 구속받지도 않기 때문에 어느 정도 수입을 확보한 뒤에 가사나 문화활동도 할 수 있다는 이점이 있습니다.

피라미드 상법과의 분별법

Q 일본에서는 다이렉트 셀링은 무점포 직접판매라고 번역하고 있습니다만, 한편

에서는 방문판매라는 표현도 있습니다. 다이렉트 셀링의 정의는 무엇입니까?

A 우리들의 정의는 우선 개인에 의한 판매활동일 것, 판매하는 제품은 소비자용의 상품이나 서비스이며 그것을 지정된 장소에서 떨어져 판매한다는 것입니다.

미국협회에 가맹할 경우 자격조건으로는 고유 상표를 갖고 있어야 하며, 고유 상표가 없는 독립된 판매원의 입회는 인정하지 않습니다.

Q 디스트리뷰터라는 것은 개인, 법인을 문제삼지 않는 것입니까?

A 양쪽 다라고 생각합니다. 미국의 경우는 가령 디스트리뷰터가 법인이라고 해도 상표를 갖고 있지 않는 한 입회 자격은 주어지지 않습니다.

예를 들어 설명하지요. 미국에 웨스트 밴드라는 조리기구를 만드는 회사는 다이렉트 셀링을 하고 있습니다. 웨스트 밴드는 우리들의 가맹사입니다. 특히 웨스트 밴드는 하이사이트라는 특정 고객을 대상으로 판매하는 회사에 제품을 제공하여, 하이사이트라는 브랜드로 직접판매하고 있습니다. 하이사이트도 상표를 갖고 있고 우리들의 회원입니다.

Q 다이렉트 셀링과 관련해서 피라미드 상법과 멀티 상법(다층판매방식)이 물의를 빗고 있습니다. 피라미드 상법은 일본에서는 사기 상법으로 알려져 있습니다만 미국에서는 위법입니까?

A 피라미드 상법은 100% 위법입니다. 미국의 50주 전지역에서 피라미드 상법을 단속하는 주법(州法)이 제정되어 있고 사기행위로 간주합니다. 연방정부 차원에서도 ETC(외국무역 위원회), SEC(증권거래위원회) 등에 의해 단속이 이루어지고 있습니다.

사기 행위와 같은 피라미드 상법과 정당한 네트워크 비즈니스를 분별할 수 있는 첫 번째는 그 비즈니스에 관련된 금전적인 위험부담이 있는지 여부입니다. 일반적으로 다이렉트 셀링에서는 투자를 강요하는 일은 없습니다. 두 번째로는 모든 이익이 최종 소비자에게 제품을 판 것으로 얻을 수 있는 것인지의 여부입니다.

Q 피라미드 상법은 오래전부터 있던 것같군요.

A 피라미드 상법은 폰지 상법이라고도 부릅니다. 1920년대에 찰즈 폰지라는 남자가 미국에서 처음으로 피라미드 상법을 전개했기 때문에 그렇게 불려진 것이죠. 어떤 사람에게 권유하는 것만으로 금전을 얻는 수법이 일반적이고 권유받은 사람은 돈을 지불함으로써 다른 사람을 끌어들일 권리를 얻는다는 식으로 이러한 수법이 무한정 계속되는 것입니다. 전형적인 피라미드 상법의 경우 90%의 사람이 금전을 잃는 결과를 초래합니다.

최근의 수법은 한층 더 교묘해졌습니다. 우선 불필요한 재고를 강매하거나 특히 판매용 교재나 판매를 위한 강습을 돈을 내고 받게 해 그 돈을 삼켜버리는 수법입니다. 정당한 네트워크 비즈니스와 피라미드 상법을 분간하기 어렵다고도 할 수 있습니다.

소비자 보호가 목적인 쿨링오프 조항

Q 소송사건이 된 케이스도 많이 있었나요?

A 미국에서 전형적인 재판 예로는 1978년 암웨이의 케이스가 있습니다. FTC가 합당 여부를 조사해 정한 재정(裁定)은 암웨이에 대해 비합법적인 다층식 판매를 하는 회사라는 것이었습니다. 단, 이 재정에서는 피라미드형의 무한 연쇄판매를 하는 회사라고 인정한 것은 아닙니다.

법적 측면에서 가장 중요한 판단기준은 이익을 무엇에 의해 얻는 가라는 점입니다. 사람을 끌어들인 것만으로 이익을 얻는 경우는 사기행위에 해당됩니다. 상품을 소비자에게 소매한 것에 의해 이익을 얻는 경우에는 정당한 비즈니스가 됩니다. 회사의 이익은 최종 소비자에게 물품을 판 것으로 인해 발생해야만 합니다.

Q 신윤리강령의 목적은 어디에 있습니까?

A 30년 전에 우리들의 세계에서 문제가 된 것은 소비자가 피해를 당하는 케이스였습니다. 위협하는 강압적인 판매, 제품의 품질을 과장하는 처사, 부당한 가격으로 비싸게 파는 것 등이었습니다.

소매점의 판매도 이러한 문제는 확실히 있습니다만, 다이렉트 셀링에서 더 많은 문제가 발생했습니다.

그래서 각국의 DSA에서는 행동강령 · 논리규정을 만들어 소비자를 보호하기위한 자체 규제를 실시하게 된 것입니다. 가령 미국 DSA에서는 1968년에 소비자 보호를 목적으로 한 윤리강령을 규정했습니다.

* 쿨링오프(cooling off) : 할부 판매에서 구입자가 일정 기간 내에 한해 무조건 해약할 수 있는 소비자 보호 제도

소비자 보호에 관련하여 특히 중요한 것은 쿨링오프 조항입니다. 강매하는 상법을 방지하는 데는 쿨링오프가 효과적이라고 생각합니다.

Q 신윤리강령에서는 소비자뿐 아니라 판매원의 보호 규정도 담고 있습니다.
A 지난 수년간 새로운 문제가 발생한 것입니다. 방문판매 회사에 판매원으로서 채용된 판매원과 기업과의 관계입니다. 판매원이 피해자가 되는 케이스가 계속 속출했기 때문에 판매원을 보호하는 새로운 윤리규정을 만들 필요가 있었습니다.

Q 재고에 관한 해석은 꽤 광범위하군요.
A 그렇습니다. 최대한 폭넓은 해석을 채용하고 있습니다. 제품과 더불어 판매촉진용품, 교육용품, 비디오 테이프 등도 재고로 간주합니다. 트레이닝용이라며 회사가 거래를 거부하는 것을 방지하기 위해서입니다. 현재 미국에서는 매사추세츠, 워싱턴, 미네소타, 위스콘신, 메릴랜드 5개주에서 재고에 대해 이러한 해석을 채용하고 있고 회사에 반품하는 것을 의무화하고 있습니다.

Q 일본의 방문판매협회도 신논리강령을 비준했습니다만, 실시 단계에서 상당한 혼란이 예상될 것 같습니다. 세계적으로 볼 때 쿨링오프 기간은 어느 정도가 평균적입니까?
A 쿨링오프 기간에 대해 미국과 일본 양국간에 해석의 차이가 조금씩 있습니다. 쿨링오프란 단어 자체의 본래 의미는 위협하는 듯한 판매원으로

부터 벗어나 잠시 냉정해지는 기간을 두고 다시 생각한다는 의미입니다. 미국에서는 과거 20년에 걸쳐 이 쿨링오프 제도를 실시해 효과를 거두어 왔습니다.

FTC의 규정에는 쿨링오프 기간은 3일간입니다. 미국 50개 주 중에서 알래스카를 제외하고 49개 주에서는 쿨링오프 기간은 3일입니다. 알래스카 주만 5일입니다. 미국 이외의 독일이 14일로 가장 긴 나라 입니다.

다만 쿨링오프 기간은 그렇게 중요하지 않습니다. 화장품 등 소비재를 판매하는 회사에서는 100%의 반품제도를 실시하고 있는 회사가 많이 있기 때문입니다.

위반 기업에 대해 엄중한 벌칙을

Q 90%의 반품 규정에 관해서는 실시단계에서 상당한 혼란이 발생할 것이라고 예상됩니다만, 세계연맹에서는 각국에 대해서 어느선까지 실시할 것을 요구하고 있습니까.

A 각국마다 제각기 독자적인 행동 기준이 있습니다. 일본의 방문판매협회도 1996년 8월까지 독자적인 윤리강령을 만들 필요가 있습니다. 저번주 시드니에서 세계연맹 이사회를 열고 이점을 협의했습니다.

신윤리강령에는 가령 독립한 디스트리뷰터가 있어도 회사는 이들 판매원의 행동에 책임이 있습니다. 신윤리강령을 비준한 이상은 모든 가맹 기업이 이것에 따를 의무가 있습니다. 만약 필요하다면 신논리강령을 세계적으로 법제화할 것을 검토하고자 합니다.

Q 자체 규제를 실시해 갈 경우에 세계연맹은 어떻게 말단까지 감시할 수 있습니까?

A 확실히 법적 구속력은 없기 때문에 가장 엄중한 벌칙은 협회에서 추방하는 것입니다.

일본에서도 만약 위반 기업이 나온 경우에는 협회에서 추방당합니다. 그 위반 기업에 손해를 주기 위해 기업의 위반 행위를 정확히 지적해 매스컴에 공개해야 마땅합니다.

위반 기업에 대해 결정적인 손해를 줄 수 있다고 생각합니다.

미국에서는 현재 5개 주에서 반품 제도를 의무화해 실시하고 있습니다만, 이것을 50개 주로 확대해 실시하려고 합니다. 각 주에서 실시되는 공청회 등에서 적극적으로 지지 활동을 전개해 갈 예정입니다.

Q 연방법의 규정에 관해서는 공화당이 의회를 장악하고 있는 현상황에서는 당분간 무리가 아닐까요?

A 전달 텍사스주와 오클라호마주에서 가령 피라미드 상법이라고 해도 반품 규정을 명확히 하면 합법화하기로 결정했습니다. 특히 스웨덴, 독일, 말레이지아 등에는 논리규정 위반에 대해 엄중한 규정이 만들어져 있습니다.

위반 기업에게는 당연히 엄중한 벌칙이 필요합니다. 그것으로 인해 제지하는 효과를 볼 수 있다고 생각합니다.

Q 암웨이의 디스트리뷰터를 통한 판매 시스템을 어떻게 평가하고 있습니까.

A 미국 DSA에는 현재 대략 140개 기업이 가맹되어 있고 더구나 41개 기업이 가맹을 신청중입니다. 이들 기업이 70%가 암웨이와 같은 판매 시스템을 채용하고 있습니다.

미국에서는 암웨이는 다이렉트 셀링 분야에서는 폭넓게 인지되어를 있습니다. 암웨이는 창업 이후 이미 36년이나 된 미국 DSA에서는 비교적 오래된 회사입니다.

암웨이의 업적이 호조를 보이는 것은 국제 시장에서의 성공이 크게 작용했지만, 미국 DSA 내에는 암웨이 외에도 급성장을 계속하는 회사가 몇 개 있습니다.

●●●

닐 오펜 1944년 5월생. 변호사. 수도 워싱턴에 있는 조지 워싱턴 대학에서 법학 박사를 취득. 미 국무성 국제개발청과 미 국무성 중남미국에 근무한 후 71년에 미국 다이렉트 셀링 협회의 고문변호사. 1978년 이후 미국

DSA 이사장. 1983년에는 방문판매업계에서 최고의 영예인 '명예의 전당' 에 들었다.

민주당원으로 민주당 전국위원회의 임원 등을 역임. 부인 캐롤라인과의 사이에 1남 1녀를 두었다. 워싱턴 근교의 메릴랜드주 체비체스에 거주.

소비자에 대한 행동규칙(요지)

1. (적용범위) '소비자에 대한 행동규칙'(THE WORLD DIRECT SELLING CODE OF CONDUCT TOWARDS CONSUMERS)(이하 '규칙')은 방문판매협회 세계연맹(WFDSA)이 각국의 방문판매협회 (DSA)를 위해 작성한 것이다. 이 규칙은 방문판매 기업과 방문판매원과의 관계 및 소비자와의 관계에 관련된 것이다.

이 규칙의 목적은 소비자의 만족과 보호, 자유기업의 영역 안에서 공정 한 경쟁의 촉진 및 방문판매 이미지를 높이는 것에 있다.

2. (정의) 이 규칙에서 사용하는 용어의 정의는 다음과 같다.

① 방문판매(DIRECT SELLING)

일반적으로 소비자의 가정이나 직장 등 일정한 소매장소에서 떨어진 곳 에서 방문판매원에 의한 상품 설명이나 실연(實演)판매를 통해서 소비 재를 직접 소비자에게 판매하는 것.

② 기업

여기서의 방문판매 기업이란 방문판매 조직을 활용해 상표 등 다른 것과 식별할 수 있는 마크를 붙여 상품을 판매하는 기업체인 동시에 DSA 회 원인 사업체를 말한다.

③ 방문판매원

여기서의 방문판매원이란 방문판매 기업의 판매 시스템의 회원인 것을 가리킨다. 방문판매원은 독립된 상업대리인, 독립된 청부인, 독립된 딜 러 또는 디스트리뷰터, 자영 혹은 피고용 대리인, 프랜차이즈(독점 판매 권) 등도 된다.

④ 상품

상품에는 제품과 서비스가 있고 형태가 있는 것과 없는 것이 포함된다.

3. 자체규제

이 규칙은 방문판매업계의 자체규제의 한 수단이다. 이것은 법률이 아니고 이 규칙에서 요구되고 있는 것은 기존의 법적 규제를 초월한 일정 수준의 윤리행동이다.

4. 금지행위

방문판매원은 오해받거나 속이는 판매행위 혹은 부당한 판매행위를 해서는 안 된다.

5. 신분증명

판매 설명을 시작할 때부터 방문판매원은 상대의 요구가 없어도 잠재고객에게 자신의 신분을 정확하게 밝혀두며 기업과 그 상품 및 상품을 권유하는 목적을 명확히 밝혀야 한다.

6. 쿨링오프 기간과 반품

기업 및 방문판매원은 법률 요청의 유무에 관계없이 특정기간 이내라면 고객이 주문을 철회하고 지불한 금액의 환불 요청을 받아들여 반품할 수 있다고 하는 쿨링오프 조항을 어떤 주문용지에나 명기해야 한다.

7. 기업의 책임

이 규칙의 준수에 관한 최대의 책임은 각 기업이 진다.

방문판매원, 방문판매원간 및 기업간에 관한 행동규칙 (요지)

1. 수입 발표

기업 및 방문판매원은 판매원의 실제 또는 가능성 있는 판매액이나 수입에 대해 오해를 초래할 표현으로 발표해서는 안 된다. 수입이나 판매액을 발표할 때는 반드시 증거 있는 사실에 기인한 것으로 해야한다.

2. 요금

기업 및 방문판매원은 다른 방문판매원에게 부당하게 높은 입회요금, 연구요금, 프랜차이즈(독점 판매권) 요금, 판매촉진 요금 기타 사업에 참가할 권리를 부여하는 것만으로 관련된 요금을 부담하도록 요구해서는 안 된다.

3. 종결

방문판매원과 기업과의 관계가 종결되면 기업은 판매촉진 자료나 판매 보조 자료 등을 포함한 봉인된 팔다 남은 상품을 회수하고 판매원이 최초의 순수 경비로 구입한 가격의 도매값으로 최고 10% 상당의 수수료와 반품할 상품을 구입했을 때에 판매원이 얻은 이익을 공제한 액수를 판매원에게 환불해야 한다.

4. 재고

기업은 방문판매원에게 부당하게 다량의 상품을 재고로 구입하도록 요구하거나 권유해서는 안 된다. 상품의 재고량을 결정할 때는 재고량과 실제의 판매 가능성과의 관계, 상품의 경쟁력과 시장 환경, 기업의 반품 · 환불방침 등을 고려할 필요가 있다.

5. 보수와 수지

기업은 방문판매원에게 판매액, 구입액, 수익명세, 수수료, 보너스 할인액, 상품 발송, 해약, 기타 관련 데이터에 관해서 기업과 판매원과의 계약에 따라서 정기적인 수지 보고를 해야 한다.

일본의 개정 방문판매법의 포인트

전화 권유와 연쇄 판매거래가 대상

1966년 11월 21일에 시행된 개정 방문판매법은 전화 권유 판매와 연쇄 판매거래 두가지를 대상으로 하고 있다. 여기서는 암웨이 비즈니스와 관계 깊은 연쇄 판매거래에 관하여 새로운 방문판매법의 포인트를 소개한다.

▷ 연쇄 판매 거래의 정의

판매원이 될 것을 권유받고 판매원이 되기 위해 가맹료를 지불한 시점과 상품을 구입한 시점에 차이가 있다고 해도 실질적으로 동일한 계약이라고 인정될 경우에는 그 합계액이 '특정부담'에 대해 각령으로 정해진 기준(20,000엔 이상)에 해당하면 연쇄 판매거래로 간주된다.

특히 가맹시에는 20,000엔 이상의 부담이 없다고 해도 가맹 후에 샘플상품 등의 구입 명목으로 20,000엔 이상 부담이 실질적으로 강요되면 그 시점에서 '특정부담'을 수반한 연쇄 판매거래가 이루어진 것이다.

▷ 금지행위의 대상자 확대

금지행위의 대상자로서 종래의 '통괄자'(권유의 실질적 중심자) '권유자'와 더불어 '연쇄 판매업을 하는 자'(말단 판매원)까지 확대했다.

이 배경에는 '통괄자'의 관리가 미치지 않는 곳에서 말단 판매원에 의한 불법행위가 빈번히 속출하는 것을 들 수 있다.

여기서 말하는 금지행위에는 거짓말을 전하는 '부실고지(不實告知)'나 '사실의 불고지(不告知)'(그 사실을 모르면 거래 상대가 불리해지는데 그 사실을 말하지 않는 것) 더구나 '협박·곤혹행위' 등이 포함되어 있다.

또한 성공자의 예만 들어 마치 전원이 손쉽게 성공할 수 있을 것같은 인상을 주는 표현도 '부실고지'로 간주된다.

▷ 업무정지 명령, 출입검사 등의 대상 확대

금지행위의 대상자에 '연쇄 판매업을 하는 자'를 추가함에 따라서 업무정지명령, 출입검사 등의 대상자에 '연쇄 판매업을 하는 자'를 추가했다.

▷ 쿨링오프 기간의 연장

연쇄 판매 거래에 있어서 계약 해제를 할 수 있는 기간을 14일간에서 20일간으로 연장했다.

▷ 서면교부 위반에 대한 벌칙 강화

서면교부 위반에 대한 벌칙을 '500,000엔 이하의 벌금'에서 '6개월 이하의 징역 또는 500,000엔 이하의 벌금'으로 강화했다.

서면 교부에 있어서 새로 비즈니스를 시작하는 사람에 대해서는 연쇄판매업에 관해 명기된 '개요 서면'을 교부하고 더구나 상품 구입시에는 계약 내용이 명확히 명기된 '계약 서면'을 교부하는 것이 의무화되어 있다.

이번 개정에 수반해 통상성은 새롭게 '특정 이익에 관한 사항'과 '벌칙에 관한 사항'을 서면에 명기해야 한다는 것을 통상성 각령으로 정했다.

▷ 담당 관청에게 신청

몇 사람이라도 연쇄 판매거래의 공정성 및 구입자 등의 이익을 저해할 염려가 있다고 인정될 때는 담당 관청에게 그 취지를 알려 적당한 조치를 취할 수 있도록 요구할 수 있다. 소비자 피해고발 담당자는 신청이 있을 때는 필요한 조사를 실시하고 신청내용이 사실이라고 인정되면 적당한 조치를 취해야 한다.

일본 암웨이의 신윤리강령 · 행동규준

금지행위를 더욱 구체화

일본 암웨이에서는 개정 방문 판매법의 시행에 보조를 맞추어 1996년 11월 16일자로 '암웨이의 신논리강령 · 행동규준'을 개정했다.

새로운 논리강령 · 행동규준은 신방판법의 연쇄 판매거래에 관한 개정 내용을 거의 답습한 내용으로 되어 있다.

암웨이에서는 종래부터 논리강령 · 행동규준의 내용 안에 ① 고객의 반품 신청에 대한 100% 현금 환불 보증제도 ② 제품 판매시에 과대 표현 금지 – 등을 명시하여 디스트리뷰터가 엄수하도록 지도해 왔다.

이번 개정에서는 '금지행위'를 더욱 구체적인 형태로 명시하는 등 연쇄 판매 거래와의 오해를 초래하지 않도록 세심한 주의를 요하고 있다.

특히 일본 암웨이에서는 신논리강령 · 행동규준을 100만조를 넘는 갱신 디스트리뷰터의 말단에 이르기까지 철저히 지키도록 하기 위해 세미나나 미팅 등을 통하여 디스트리뷰터 교육을 한층 강화해 갈 방침이다.

일본 암웨이의 신윤리강령 · 행동규준

▷ 신분 증명서의 휴대

암웨이 비즈니스를 할 때는 '암웨이 디스트리뷰터 신분증명서'(ID 카드)를 항상 휴대함과 동시에 고객에게 반드시 제시해야 한다.

전화 등으로 권유할 경우에는 이름뿐만 아니라 ID 카드의 내용을 밝혀야 한다.

▷ 금지행위

암웨이 제품의 판매계약 체결에 대해서 권유할 때 또는 해당 매매계약 신청의 철회, 해제를 방해하기 위해 다음과 같은 행위를 해서는 안 되고 부추기는 듯한 행위를 해서도 안 된다.

1. 부실 고지

① 제품의 품질에 대해서 '안전하고 무공해' 등을 과대한 표현으로 설명하는 것.

② 인쇄물을 사용해 설명할 때에는 제품 라벨이나 암웨이에서 발행한 인쇄물을 사용하도록 하며 이것에 기재된 이외의 것을 서술해서는 안된다.

③ 제품의 판매활동에서 사용하는 서류('소매전표', '디스트리뷰터 판매전표' 등)에 허위 기재를 하는 것.

2. 사실의 불고지(不告知)

제품의 품질 등 고객의 판단에 영향을 미치는 중요한 사항에 대해서 고의로 사실을 알리지 않는 것.

일본 암웨이 『윤리강령 · 행동규준』
(96/97회계 연도판)

3. 위협 · 곤혹

· 구입 의사가 없는 고객에 대해 집요하게 따라다니는 등으로 인해 사람을 불안하게 만들거나 곤경에 빠뜨리는 일.

· 제품의 반품 등으로 발생하는 제품대금의 환불은 신속히 해야 한다.

· 판단력이 부족한 고객에 대한 판매 등 방문판매에 관계된 거래의 공정성 및 고객의 이익을 저해할 염려가 있는 행위는 해서는 안된다.

▷ 현금거래

암웨이 제품의 구입, 판매는 현금거래를 원칙으로 한다. 고객 혹은 동일 계열 내의 디스트리뷰터에게 암웨이 제품을 판매할 때 제품의 인도에 앞서 제품대금의 전부 또는 일부를 수령한 경우는 제품 대금 수령후 지체 없이 제품을 고객 혹은 동일 계열 내의 디스트리뷰터에게 인도해야 한다.

단, 암웨이가 지정한 일부의 고액 제품(퀸쿡웨어, 암웨이 정수기등)에 대해서는 디스트리뷰터의 자가사용, 고객에게 판매 등 어느쪽이든 할부를 이용할 수 있다.

▷ 디스트리뷰터 판매전표

디스트리뷰터는 동일 계열 내의 디스트리뷰터한테 제품 발주를 받았을 때 발주를 수락하기 전에 반드시 '디스트리뷰터 판매전표'에 첨부되어 있는 '신청내용 확인서'를 교부하고 주문내용을 확인해야 한다.

특히 디스트리뷰터는 발주 수락후는 지체없이 소정의 '신고 내용 확인서'를 발주 디스트리뷰터에게 교부해야 한다. '신청 내용 확인서'와 '신고 내용 확인서'의 메모지는 5년간 보관할 필요가 있다.

▷ 스폰서 활동

스폰서를 할 상대에게는 반드시 ID 카드와 함께 '암웨이 비즈니스 카드'를 교부해 내용을 설명해야 한다.

① 제품의 구입, 재고 및 판매를 강요해서는 안 된다. 판매할 전망이 없는데 대량 구입을 권해서는 안 된다.

② '바로 돈을 벌 수 있다' '부자가 될 수 있다' 등과 같은 표현으로 고수입이 확실하다고 오해하게 한다거나 과대한 표현으로 부추겨 권유해서는 안 된다.

③ 디스트리뷰터가 될 의사가 없다고 공언한 사람에게 귀찮게 구는 행동으로 권유해서는 안 된다.

④ 암웨이 제품의 판매 및 스폰서 활동에 즈음해서 상대방의 판단에 영향을 미치는 중요한 사항에 대해 고의로 사실을 알리지 않거나 허위 내용을 알리는 행위를 해서는 안 된다.

⑤ 암웨이 비즈니스의 건전성 및 상대방의 이익을 저해하는 행위를 해서는 안 된다.

▷ 자격의 해약, 실효

디스트리뷰터 자격을 해약하는데는 자격 유효 기간 내에 '암웨이 디스트리뷰터 자격 해약서'와 ID 카드를 암웨이에 제출할 필요가 있다. 자격 해약 절차의 완료 후 '스타터 키트' 대금(8,240엔)은 해약자 본인에게 신속히 환불된다.

자격해약서 제출일부터 거슬러 올라가 30일 이내에 구입한 불필요한 물건에 대해서 반품을 희망할 경우 자격해약 수속과 동시에 암웨이에 대해 소정의 수속절차를 밟음에 따라 제품 대금은 해약자에게 전액 환불된다. 단 암웨이는 제품의 상태 - 사용정도, 소모, 파손 등 - 에 따라서 환불액을 감액하는 경우가 있다. 또한 반품된 제품에 대해서 보너스가 지급된 경우에는 지불이 완료된 보너스에 상당하는 금액을 감액하는 경우가 있다. 제품반품 수속에 필요한 비용은 암웨이가 부담한다.

제8장 계속 약진하는 일본 암웨이

일본 암웨이 신사옥의 완성 예상도

암웨이 비즈니스의 중핵인 일본 암웨이는 1996회계 연도에서 매출액 2,000억엔, 갱신 디스트리뷰터 수 100만명을 돌파하는 등 비약적인 성장을 계속하고 있다. 2000년도에 매출액 3,000억엔을 목표로 한 일본 암웨이에게 걱정은 없는 것일까. 1996년도의 결산보고와 1997년도 1·4분기 결산에서 일본 암웨이의 업적과 장래를 예측해보았다.

더구나 1997년 2월에 착공을 개시한 신사옥의 건설에 대해서도 알아본다.

이어서 암웨이 경영진의 경력과 포부를 실었다. 또한 일본 암웨이의 환경보호·지역공헌 활동을 열거해 특히 1996년 11월의 나가노 올림픽의 골드 스폰서로서 임무수행을 위해 회사 전체가 최선을 다하고 있다고 설명할 예정이다.

이 장의 마지막으로 존슨 사장과의 인터뷰를 게재했다. 존슨은 일본 암웨이에 대한 애착을 솔직하게 이야기했다.

비약적인 성장

과거 최고를 기록

1979년에 영업을 개시한 일본 암웨이는 17년째인 1996회계 연도(1995년 9월 1일~1996년 8월 31일)에 매출액 2,000억엔을 돌파, 갱신 디스트리뷰터 수에서도 100만명 선으로 올리는 등 모든 면에서 과거에 비해 최고의 업적을 기록했다. 1996년 10월 25일에 발표된 1996년도의 결산보고를 토대로 일본 암웨이의 업적을 분석해 본다.

매출액은 전년 대비 19.2포인트 증가한 2,122억엔, 영업 이익은 614억엔 (23.4포인트 증가), 법인세와 주민세 등을 공제한 당기이익은 281억엔 (21.8포인트 증가)에 달했다. 한편, 갱신 디스트리뷰터 수는 1,093,000조 (11.6포인트)로 처음으로 100만조를 돌파했다. 디스트리뷰터의 갱신률도 전년도의 71.8%에서 73%로 상승했다.

이 결과에 대해서 일본 암웨이의 딕 디보스 회장(미국 암웨이 코포레이션 사장)은 "당사의 업적은 디스트리뷰터의 열의와 노력의 산물입니다.

특히 디스트리뷰터의 많은 리더들이 더 위의 레벨을 달성함으로써 더욱 높은 수입를 얻고 있습니다. 그들의 노력이 당사의 성장을 받쳐주는 원동력인 것입니다. 디스트리뷰터 수의 신장이 순조로운 것은 당사의 밝은 장래를 예측할 수 있게 합니다."라며 소감을 말했다.

리처드 존슨 일본 암웨이 사장도 "금년도는 디스트리뷰터의 생산성을 향상시키기 위해 타깃 마케팅(대상을 압축한 마케팅)에 중점적으로 대처해왔습니다. 디스트리뷰터의 생산성 향상이 금년도의 매출액 증대의 큰 요인입니다."고 말했다.

그럼 1996년도의 효자상품은 뭔가. 동 보고서에 의하면 매출액 2,122억엔 중 33%는 1994년 9월 1일부터 1996년 8월 31일까지 2년 동안에 도입된 제품의 매출액에 의한 것이다. 일본 암웨이의 4개의 제품 부문별로 효자상품을 조사해 보자.

▷ 퍼스널케어 제품(화장품, 세면용품, 패션 등)

매출액이 23.7포인트 증가하여 686억엔에 달하고 네 부문 중에서는 최고의 신장률을 기록했다. 총매출액에서 차지하는 비율도 톱으로 32.4% .

매출액 증가에 가장 공헌 한 제품은 아티스트리 시리즈로 1·4분기에 실시한 성분배합 및 패키지 개량이 적중했다. 2·4분기에 도입한 '클럽 아티스트리' 도 매출액을 올리는 데 공헌했다. 이것은 일본 암웨이가 타깃 마케팅을 처음 시도. 대상이 된 디스트리뷰터에 대해서 회원권과 구입액에 많은 특전을 주는 시스템이다.

매출액

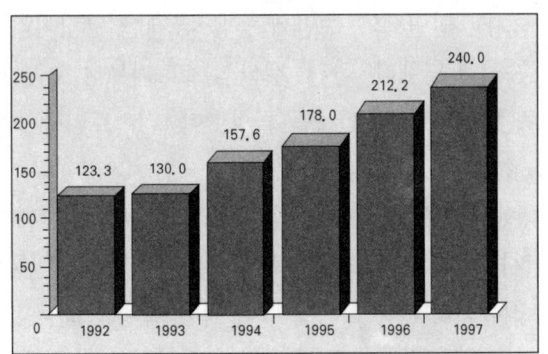

갱신한 디스트리뷰터 수 및 갱신율

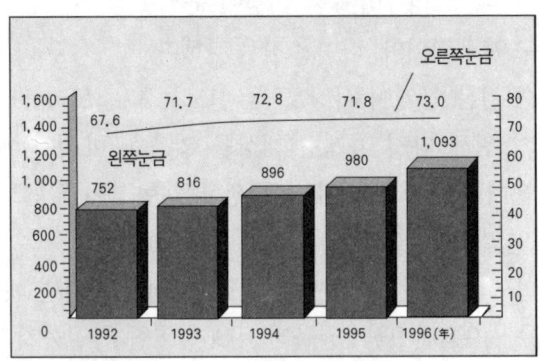

상)매출액 하)갱신한 디스트리뷰터 수 및 갱신률

3·4분기에 발매를 개시한 '인빅터스' (남성용 스킨케어 제품)도 순조로

운 매출 신장으로 이어지고 있다. 인빅터스는 특정 디스트리뷰터의 요망에 따라서 개발된 제품으로 타깃 마케팅의 유효성을 증명한 제품이라고 할 수 있다.

▷ 하우스케어 제품(조리기구, 정수기 등)

매출액은 23.5포인트 증가해 627억엔에 달했다. 1994년 가을에 도입한 암웨이 정수기가 빅히트 상품이 되어 교환용 부품을 포함하면 1996년도의 총매출액의 13.4%를 차지하는 등 효자상품의 넘버원이 되고 있다.

더구나 암웨이 제품을 대표하는 '퀸쿡웨어'의 매출도 변함없이 호조를 보여 총매출액의 10.4%를 차지했다. 신제품인 '인덕션 레인지'(전자 조리기)도 매출액증가에 공헌했다. 하우스케어 제품 전체에서 총매출액에 차지하는 비율은 29.5%.

▷ 영양보급 식품(뉴트리션)

19포인트 신장, 540억엔의 매출액을 달성했다. '트리플X'의 인기가 매출액에 크게 기여했다. 또한 신제품인 '파지트림 드링크믹스'도 순조롭게 매출액을 올렸다. 총매출액에 차지하는 비율은 23.8%.

▷ 홈케어 제품(세제 등)

매출액이 3.2포인트 감소해서 216억엔이 되었다. 이것은 1996년 1월에 실시한 5~25%에 이르는 가격인하 영향 때문이다. 이 가격인하 작전은 가정용 세제등 경쟁이 치열한 시장에서 판매를 늘리기 위해 실시한 것으로 디스트리뷰터의 관심을 끄는 데 효과가 있었다.

총매출액에서 차지하는 비율은 10.2%.

▷ 기타

매출액은 25.8포인트 증가해 88억엔에 달했다. 이것은 주로 디스트리뷰터수가 증가함에 따라서 스타터 키트와 갱신료 수입이 늘어났기 때문이다.

총매출액에서 차지하는 비율은 4.1%.

어려운 상황에 입각한 경영전략 3항목

이 보고서는 1997회계 연도(1996년 9월 1일~1997년 8월 31일)의 전망
도 공표하고 있다.

그것에 따르면 매출액는 2,400억엔(전년 대비 13.1포인트 증가), 영
업이익 559억엔(3.1포인트 증가), 당기이익 314억엔(24.9포인트) 등
으로 예측하고 있다.

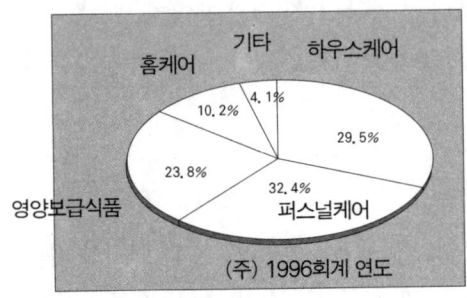

제품 부문별 매출액 구성 비율

이 보고서에서는 1997년도의 과제로서 엔·달러 환율변경과 개정 방문
판매법의 시행(제7장 참조) 두 가지를 들고 있다.

환율에 대해서는 엔약세 경향이 계속되는 가운데 1996년도의 평균엔 달
러 환율이 1달러=109엔이였는데도 불구하고 암웨이의 적용환율은 연도
를 통해 1달러=91엔으로 그대로 두었다. 이것이 1997년도는 1달러=107
엔의 엔 달러 환율이 적용됨에 따라서 일본 암웨이가 암웨이 코포레이션에
서 구입하는 제품 가격의 엔 기본 코스트가 자동적으로 상승하게 된다.

특히 암웨이 코포레이션에서는 1996년 9월 1일을 기하여 전세계의
암웨이 그룹에 대해 코스트 플러스 방식에 의한 제품 수입가격을 약
2% 인상했다. 일본 암웨이에 있어서 엔약세도 포함해 평균적으로
21%의 가격인상에 상당하다고 한다.

덧붙여 말하면 일본 암웨이 제품의 약 63%는 암웨이 코포레이션으로부터 제품 수입을 하고 16엔을 더 지불하는 엔 약세 달러 강세의 환율로 인해 1997년도의 영업이익이 2~3포인트 저하하는 것을 피할 수 없다.

두 번째 개정 방문판매에 대해서는 1996년 11월말 시행에 따라 방문판매법의 개정 내용에 대해 디스트리뷰터에게 철저히 주지시킬 방침이다. 일본 암웨이에서는 재정 방문판매법 시행후의 구체적인 운용을 토대로 개개의 디스트리뷰터에 대해서 위반행위를 하지 않도록 지시할 방침이다.

이러한 어려운 상황에 입각해 일본 암웨이에서는 1997년도의 매출액 목표 달성을 위해 다음과 같은 3항목의 경영전략을 발표했다.

① 1997년도 상반기 안에 몇가지 전략적 제휴를 발표한다. (주1)

② 1997년도 상반기 내에 유망한 제품의 발매에 대해서 명세를 발표한다. (주2)

③ 디스트리뷰터의 생산성 향상을 목표로 타깃 마케팅을 몇 가지 실시함과 동시에 디스트리뷰터와의 관계를 강화하는 프로그램을 검토한다. 1996년 9월에 개설된 '일본 암웨이 인터넷 홈페이지'는 디스트리뷰터에게 강력한 정보 제공원이 되고 있다.

(주1) 일본 암웨이는 1997년 1월 두 가지 전략적 제휴에 대해 발표했다. 한 곳은 여성용 속옷 메이커인 미국 사라 리사(社) 플레이딕스 어패럴 부문이고 또 하나는 식품 보존용기 메이커인 미국의 러버메이드사(社)이다.

▷ 사라 리사(社)와의 전략적 제휴

일본 암웨이에서는 1997년 4월부터 사라 리 플레이딕스 부문이 제조하는 여성용 속옷을 일본 암웨이와 플레이딕스의 공용 브랜드에 의한 고급 언더웨어로서 디스트리뷰터를 통해 판매한다.

일본 시장의 수요에 맞는 제품의 기획·개발에 주안점을 두고 최초의 제품은 '플레이딕스 AWP' 브랜드. 일본 암웨이는 사라 리 아시아 잉크로부터 제품 제공을 받는다.

사라 리사(1939년 창립)는 미국 일리노이주 시카고에 본사를 둔 소비자용 제품 대메이커·세계 130개국 이상에 네트워크를 갖고 있고 전세계의 종업원은 13만명 이상이다. 사업 내용은 식품, 어패럴, 세면용품 등으로 1994년도의 총매출액는 155억 달러. 회장 겸 CEO는 존 브라이언이다.

이번의 전략적인 제휴에 대해서 일본 암웨이의 존 사장은 "이번 제휴에 의해 암웨이의 기존 제품군과 경합하지 않는 라인업을 구축할 수 있다. 일본 암웨이의 디스트리뷰터에게 새로운 자극을 주고 고객에게도 호응을 얻으리라고 확신한다."고 설명했다.

또한 사라 리사의 수석 부사장(기업전략 담당) 겸 사라 리 퍼스널 프로덕트 환태평양지역 CEO 폴 라스팅은 "일본 암웨이와의 제휴관계의 전망에 대해서 난관적이다. 이 제휴에 의해 세계 제2의 여성용 속옷 시장인 일본에 사라 리의 대표 브랜드인 플레이딕스의 진출에 기여할 것이다."라는 코멘트를 발표했다.

▷ 미국의 러버메이트사와의 전략적 제휴

미국 암웨이 코포레이션과 러버메이드사는 러버메이드사의 제품을 일본 암웨이와의 공동 브랜드로서 제품을 개발하여 일본에 판매에 관한 전략적 제휴를 체결했다. 일본 암웨이는 1997년 봄부터 디스트리뷰터를 통하여 공동 개발한 식품보존 용기의 제품을 판매한다.

러버메이드사는 미국 오하이오주 우스타에 본사를 둔 다국적 기업. 사업 내용은 하우스웨어 제품, 오락·농약제품, 홈헬스케어 제품, 오피스 컴퓨터 관련제품, 완구·산업용 오락시스템, 유아용 가구 등을 제조, 판매한다.

이 제휴에 대해 러버메이드사의 웰후건 슈미트 회장 겸 CEO는 "이번 제휴는 일본시장에서 러버메이드 제품의 위치가 한층 더 높아질 것이다. 양사의 관계는 글로벌 시장의 관점에서 보면 커다란 잠재적 가능성을 갖고 있고 양사의 이익에 기여한다."고 담화문을 발표했다.

(주2) 일본 암웨이는 1997년 1월 천연 허브로 만들어진 정제 모양의 허브 식품, 37가지 품목과 대형 전략제품인 공기청정기의 판매계획을 밝혔다.

▷ 정제 모양의 허브 식품

1월 말부터 2월 중순에 걸쳐 순차적으로 판매한다. 트리플X 등 영양보급 식품을 제조하는 뉴트리라이트 프로덕츠(암웨이 코포레이션의 사업 부문)의 신제품. 품목별 제품 특성은 다음과 같다.

① 시베리아 당근 & 은행잎 = 1월 22일 발매

지구력을 좋게 하는 시베리아 당근과 머리와 몸의 혈액순환을 돕는 은행잎에 뉴트리라이트 독자적인 아세로라 농축물을 첨가했다. 한통에 180정이 들어 있고 5,900엔(소비세 포함)

② 에키네시아(파우더루코 첨가) = 2월 13일 발매

윈터 허브라고 불리우는 에키네시아에 파우더루코와 아세로라 농축액을 첨가했다. 추위를 많이 타는 사람을 위한 제품으로 건강유지에 도움을 주는 허브 식품. 한통에 180정이 들어 있고 5,060엔(소비세 포함).

③ 패션플라워 & 카모밀 = 2월 13일 발매

은은한 향의 패션 플라워와 편안한 기분을 느끼게 하는 향을 갖는 카모밀에 알파파, 클래송(물냉이), 파세리의 농축물을 첨가했다. 한통에 180정이 들어있고 4,160엔(소비세 포함).

∙∙

일본 암웨이는 1997년 1월 17일에 1997년도 1·4분기(1996년 9월 1일 ~ 11월 31일)의 업적 개요를 전망하여 발표했다. 그것에 의하면 매출액 498억엔 (전년 동기 대비 6.7포인트 감소), 영업이익 137억엔(16.7포인트 감소), 당기이익 64억엔(21.9포인트 감소)으로 이익이 감소하게 된다.

이익 감소의 배경에 대해 일본 암웨이에서는 ① 개정 방문판매법의 구체적인 시행이 밝혀질 때까지 디스트리뷰터의 판매 활동이 둔화됐다. ② 전년 동기(1995년 9월 ~ 11월)는 신제품의 발매와 판촉 캠페인이 잇따라 업적이 호조를 보였지만 금년 회계 연도는 하반기에 신제품의 발매가 집중되어 있다 -고 설명.

일본 암웨이의 존슨 사장도 사라 리사 등의 전략적 제휴나 신제품의 발매, 판촉활동이 1997년도 하반기에 집중되어 있다는 것을 강조하면서 작년 1월에 발표한 1997년도의 전망(매출액 2,400억엔, 당기이익 298억엔)은 달성 가능하다고 자신만만한 태도를 보였다.

결국 1997년도의 업적 전망이 실현 가능 여부는 ① 사라 리사나 러버메이드사와의 전략적 제휴가 성공할지 어떨지 ② 7월에 발매예정인 공기청정기 등의 대형 신제품이 히트상품이 될지 - 등에 달려 있다고 한다.

1999년 6월에 본사 빌딩이 완성

일본 암웨이의 본사 빌딩을 신축하기 위한 공사가 1997년 2월 20일에 착공했다. (본장 맨앞의 사진이 완성 예상도). 공사기간은 27개월로 일본 암웨이의 영업 개시 25주년에 해당하는 1999년 6월 1일에 입주예정이다.

건설 장소는 동경 · 시부야의 NHK 방송센터 앞. 현재 일본 암웨이의 본사 기능(전국을 기초로 736명)은 동경의 아자부와 메구로 두 곳으로 나누어져 있고 두곳 모두 임대 형태로 사용중이다.

본사 신사옥은 자사빌딩으로 대지 면적은 약 3,600평방 미터, 지상 13층, 지하 3층의 고층빌딩을 건설해 "21세기를 향한 암웨이 비즈니스의 심볼로 하고 싶다."(吳偉 · 본사 사옥건설 프로젝트 부사장) 최대의 주안점은 전국에 산재해 있는 디스트리뷰터와 직접 정보를 주고받을 수 있는 쌍방향 정보 발신기지로 만드는 것이다.

통신위성(CS)을 이용해서 화상정보를 디스트리뷰터에게 송신하는 것도 생각하고 있고 그러기 위해 방송 스튜디오를 만들 예정이다.

두 번째는 오디토리엄(다목적 홀) 설치. 일본 암웨이가 디스트리뷰터를 대상으로 전국에서 열리는 세미나나 미팅은 크고 작은 건수를 합해 연간 1,200회에 이른다. 대부분은 지방에서 열리고 동경에서는 회장 확보가 어려운 실정이다. 이러한 불편을 없애는 것도 다목적 홀의 설치 목적이고 통신위성을 통하여 회장의 영상을 전국으로 내보내 지방의 디스트리뷰터가 참가할 수 있도록 하는 것도 검토중이다.

또 하나의 주안점은 쇼룸이다. 미국의 평범한 가정의 실내를 본사 신사옥에 재현하여 거기에 다양한 암웨이 제품을 배치해 놓고 방문하는 사람에게 실제로 사용해 보도록 할 계획이다.

"주방에 들어가면 정수기를 사용해 물을 마시고 화장대 앞에 앉으면 암웨이 화장품을 사용할 수 있는 구조로 누구라도 가벼운 마음으로 우리 회사의 제품을 사용할 수 있게 하고 싶다."고 구레 타케시(吳偉)는 말했다.

일본 암웨이의 경영진

암웨이는 시대를 짊어질 사업

연비율 11% 가까운 성장을 계속하는 일본 암웨이는 암웨이 비즈니스의 우등생이다. 암웨이의 전체 매출액의 거의 30%를 벌어들이는 등 암웨이 세계전략의 중핵이다.

일본 암웨이의 경영진은 '별첨'과 같다. 1991년 11월에 일본 암웨이 사장에 취임한 리처드 존슨은 1996년 여름부터 암웨이의 본거지인 미국 미시건 주 에이다로 주거를 옮겼다. 그간 경위에 대해서는 필자와의 인터뷰 내용에서 자신의 견해를 솔직히 밝혔다.

한편 1995년 11월에 가오(花王) 전무에서 스카우트된 나가세 토미아키(長瀨富昭) 수석 부사장이 1996년 10월에 대표 이사 수석 부사장 겸 최고 업무책임자(COO)로 취임하는 등 경영 전반에 걸친 지휘를 맡았다.

나가세(長瀨)는 1939년 5월 12일생. 1958년 학습원대학을 졸업하고 후지은행에 입사.

1977년에 가오(花王)로 자리를 옮겨 1980년 이사. 상무(1984년), 전무(1990년)를 거쳐 1995년에 가오를 퇴사하고 일본 암웨이 대표이사 부사장으로 취임. 1996년 7월 수석 부사장. 피아니스트인 禮子부인과 2남. 가오의 창업자인 나가세 토미로(長瀨富郞)의 손자이다.

나가세(長瀨)는 암웨이 비즈니스를 받치고 있는 디스트리뷰터와의 관계에 대해서 1996년 7월 필자와의 인터뷰에서 다음과 같이 말했다.

"암웨이에 들어와 아직 1년밖에 안 되었지만 암웨이는 시대를 짊어진 사업이라는 느낌입니다. 일본경제가 개방체제로 바뀌는 중일 때 일본인의 의식을 근본부터 바꿀 필요가 있지 않을까 생각합니다. 이러한 상황에서 보면 암웨이 디스트리뷰터는 이제까지의 일본의 고정관념을 깨고 개인이 자기자신의 힘으로 사업을 구축해간다고 하는 대단히 새로운 일을 하고 있는 것이다. 21세기를 향해 큰 잠재력을 가진 사업이라고 생각합니다.

또 한가지 강조하고 싶은 것은 암웨이 자체는 훌륭한 메이커이지만, 디스트리뷰터를 통해 제품을 판매한다는 새로운 다이렉트 셀링 형태를 제공하고 있다는 것입니다.

우리들의 역할은 높은 품질의 제품을 제공하는 것과 디스트리뷰터에게 제품을 팔기쉬운 환경을 만드는 것에 있습니다.

나가세 토미아키(長瀨富昭) 수석 부사장

디스트리뷰터 교육에는 한층더 힘쓸 예정입니다. 100만조의 갱신 디스트리뷰터가 있기 때문에 전원에게 회사의 견해, 사업을 추진하는 방법 등을 철저히 숙지시키는 것은 용이하지 않습니다. 특히 젊은 사람들에 대해서는 그들 자신에 대한 교육과 겸해서 부모님들에게 암웨이 비즈니스에 대한 이해를 구하기 위해 최선을 다하고 있다.

또한 암웨이 비즈니스의 중핵부대인 다이렉트 디스트리뷰터(DD)의 역할이 매우 중요하기 때문에 8,000명에 가까운 DD들에게 'DD미팅' 등을 통해 계열 디스트리뷰터 교육에 힘쓰도록 반복해서 요청하고 있습니다.

일본 암웨이의 임원	(1997년 1월 현재)
이사회장	딕 디보스
이사 부회장	스티브 밴 앤델
대표이사 사장	리처드 존슨
대표이사 상석 부사장 (영업추진·광보·섭외 담당, 인사담당)	나가세 토미아키(長瀨富昭)
이사 부사장 (마케팅·CS추진·경영계획·본사사옥 건설 프로젝트 담당)	구레 타케시(吳偉)
이사 부사장(재무·총무담당)	마츠시다 요시조우(松下 芳三)
이사 (인사담당)	츠루모토 히토시(鶴本 等)
이사	牧野 昇
이사	中原 伸之
이사	高石 義一
상근감사	藏 廣一
감사	服部 壽郎
감사	제임스 로스로닉
감사	클레이그 머린

저 자신은 아직 신인이기 때문에 특히 디스트리뷰터와의 대화에 최선을 다할 예정입니다. 일본의 사정을 숙지하고 있는 존슨 사장이 잠시 에이다 본사로 돌아가 집무를 보고 있기 때문에 사장과 긴밀한 연락을 취하면서 사업을 발전시켜나가고 싶습니다.

암웨이 제품은 매우 높은 평가를 받고 있다. 그러나 일본 소비자는 제품을 선택하는 데 있어서 세계에서 가장 엄격한 눈을 갖고 있고 시장자체도 매우 빠른 속도로 변화하고 있습니다. 항상 시장의 선두에 있기 위해서 암웨이 코포레이션과 협력해 일본 시장에 고품질의 제품을 계속 제공하고자 생각합니다."

경영기획 등을 담당하는 구레 타케시(吳偉) 부사장은 1951년 5월 14일생. 1972년에 미국의 코넬대학 공학부를 졸업. 컴퓨터 컨설턴트를 거쳐 1985년에 일본 암웨이 입사. 이사업무 통괄본부장(89년)을 지내고 90년 이사 부사장. 구레 타케시(吳偉)는 1997회계 연도의 경영계획에 대해 다음과 같이 말했다.

"1997회계 연도의 경영계획은 모든면에서 디스트리뷰터와의 강력한 파트너쉽을 추진하는 데 역점을 두었습니다. 이어서 수요에 적합한 차별화된 제품의 제공과 서비스 수준을 향상시켜 시장에서의 경쟁우위성을 확보하는 데 최선을 다했습니다.

그리고 디스트리뷰터가 보다 안심하고 활동할 수 있는 환경을 만든다. 암웨이 비즈니스의 올바른 이해를 돕기 위한 활동을 앞으로도 계속해 갈 예정입니다."

구레 타케시(吳偉)
부사장

재무·총무담당 부사장인 마츠시다 요시조우(松下芳三)는 1935년 1월 1일생. 1958년 메이지대학 상학부 졸업. 1970년에 일본 테트라파

좌) 쯔루모토 히토시(鶴本等) 이사
우) 마츠시다 요시조우(松下芳三) 부사장

크사에 들어가 제조본부 부본부장(1981년), 제조업무 관리본부장(1984년). 1989년에 일본 암웨이로 옮겨와 1990년 재무담당이사, 1995년 부사장.

마츠시다(松下)는 일본 암웨이의 장기전략에 대해 다음과 같이 말했다.

"2000년의 매출액 3,000억엔을 목표로 노력해 갈 것입니다. 기업의 최대 역할은 주주의 이익을 최대화하는 것이 종래의 견해였지만, 최근은 고객, 종업원, 주주, 커뮤니티 등 모든 방면의 관계자를 거의 동등하게 중시하는 기업의 성장률이 높다는 것을 알았습니다. 우리 회사도 이러한 생각을 토대로 성장을 계속하고자 합니다."

인사 담당 이사인 쯔루모토 히토시(鶴本等)는 1940년 8월 19일생. 1964년 홋카이도 학예대학(현 홋카이도 교육대학) 교육학부 졸업. 1967년 일본 웨이스에 입사해 인사과장(1982년), 영양제품 실장(1986년). 1989년에 일본 암웨이로 옮겨와 인사 · 총무부장. 1990년 이사(인사 · 총무 담당), 1995년 이후 현직.

쯔루모토(鶴本)는 일본 암웨이의 인재육성에 대해 다음과 같이 설명했다.

"현재 가장 중시하고 있는 것은 사내의 인재육성입니다. 7년 연속해서 대학 졸업자를 채용해 왔습니다. 1996년 4월의 신규채용 인원은 10명으로 그 중에는 여성이 3명 있습니다. 1997년 4월은 16명을 채용할 예정입니다. 정사원의 남녀비율은 거의 비슷하지만, 파견사원 300명은 전원 여성. 사내의 인사교류도 활발히 하고 싶습니다."

환경보호 · 지역공헌 활동

나가노 동계올림픽의 골드스폰서

일본 암웨이는 암웨이 코포레이션의 지구 환경보호나 지역공헌활동(제3장 참조)을 중시하는 기업 이념에 따라서 다양한 지원활동을 하고 있다.

현재 가장 힘쓰고 있는 것이 1998년 2월에 나가노현에서 열리는 제18회 동계 올림픽 (나가노 올림픽)으로 1996년 7월에 골드스폰서로 결정되는등 전면 지원에 태세를 갖추고 있다.

한편 환경보호 활동에 관해서는 실시부대로 설립한 암웨이 네이처센터를 창구로 기금조성이나 실천활동을 하고 있다. 예를 들면 1996년 8월 18일에 이루어진 '후지산 클린작전 96(후지산 지역 일제 청소)' 에는 디스트리뷰터와 그의 가족, 사원 등 약 350명이 참가하여 청소활동에 종사했다.

일본 암웨이의 지역공헌 · 환경보호 활동을 항목별로 소개한다.

≪나가노 올림픽 협찬≫

일본 암웨이는 1996년 7월 일본 올림픽 위원회(JOC), 나가노 동계올림픽 조직위원회(NAOC)와의 사이에서 '골드스폰서' 가 되는 계약에 조인했다.

일본 암웨이 이외에 골드스폰서가 된 기업은 미즈노, 八十二은행, 세이코, 기린맥주, 일본전신전화(NTT), 국제전신전화(KDD), 도요타 자동차 7개사로 다이렉트 셀링 업계에서는 암웨이가 처음이다. 골드 스폰서의 협찬금은 20억엔. 일본 국내에서 나가노 올림픽의 로고마크 등을 사용할 수 있다.

오륜 마크 등을 국제적으로 사용할 수 있는 TOP 스폰서(협찬금액 10억엔)에는 코카콜라, 스미모토전기산업, 비자 인터내셔널, 제록스, 존 행콕, 이스트맨 코닥, IBM 7개사가 결정되었다.

일본 암웨이는 골드 스폰서가 된 후 사내에 사원 7명으로 구성된 '나가노 올림픽 스폰서쉽 프로젝트' 를 스타트시켰다. 더구나 1997년 4월에는 나가노시에 '나가노 올림픽 웰컴센터'를 설치하여 국내외로 나가노 올림픽의 홍보 활동을 전개한다.

한편 디스트리뷰터에 대해서도 1996년 11월에 톱 디스트리뷰터 6명으로 구성된 '암웨이 디스트리뷰터 나가노 올림픽 어드바이저리 그룹(고문단)'이 발족되었다. 이 그룹의 리더로 더블 크라운앰배서더 DD인 나가지마 가오루를 올림픽 친선대사에 임명하는 등 일본 암웨이가 본격적인 대처를 개시했다.

상) 나가노 오림픽 골드스폰서로 결정되어 서로 손을 잡은 일본 암웨이 나가세 토미아키(長瀬富昭) 수석 부사장(중)과 小林寬 NAOC사무총장(좌), 八木祐四郎 JOC 전무이사(1996년 7월)
하) 후지산 클린 작전. 일본 암웨이의 사원이나 디스트리뷰터도 참가(1996년 8월)

나까지마는 1997년 1월 피겨스케이트의 유럽 선수권을 시찰한 뒤 제네바에 있는 국제올림픽위원회(IOC) 본사를 방문했다. 또한 2월 5일부터 10일까지 삿뽀로에서 열리는 '삿뽀로 눈축제'에서는 나가노 올림픽의 마스코트 올빼미를 모티브로 한 '스노우 렛스' 영상을 제작해서 눈축제에 참가했다.

더구나 1997년 7월부터 11월까지 '에스키모 아트전'을 나가노 올림픽의 공식문화 프로그램으로 나가노현에서 개최하기로 결정했다.

환경기금 캠페인

≪암웨이 네이처 센터≫

일본 암웨이는 1989년 10월 20일 암웨이 네이처 센터를 발족시켰다. 이 암웨이 네이처 센터는 암웨이 코포레이션의 기업 이념인 지구 환경보호를 실천으로 옮기는 곳이다. 이 센터는 설립 이후 매년 '환경기금 캠페인'을 실시하여 1996년 현재 9회에 걸쳐 국내외에서 26건의 자연보호 프로젝트로 누계 3억4천만엔의 기금을 조성했다. 1997년에는 조성처는 결정되었지만, 조성액에 대해서는 1997년 봄에 결정할 예정이다.

이 캠페인은 조성처 공모·결정→캠페인 상품판매→조성액 결정→자연관찰회라는 일련의 프로그램에 의해 전개되고 있다. 기금만들기는 디스트리뷰터 한 사람 한 사람이 통상 제품과는 별도로 제작된 환경 캠페인용 '기획상품'을 구입함으로써 이루어진다.

상품판매로 얻은 수익금과 일본 암웨이에서 내놓은 기부금을 합해서 환경기금으로 자연보호 프로젝트에 쓰여진다.

이 밖에 디스트리뷰터나 가족을 대상으로 한 자연 관찰회를 개최하는등 환경보호 활동에 관해서 다각적으로 대처하고 있다.

환경기금 캠페인 조성처·조성금은 다음과 같다.

〔제1회 1990년〕

▷ 이즈 늪 · 우츠 늪지대 보호구역 조성(미야기현) = 1,270만엔

▷ 오오츠크 마을 (홋카이도) = 1,730만엔

▷ 식목 한 그루 운동(남아프리카 말라우이에 식수) =1,000만엔
  (UNHCR 도쿄 사무국)

〔제2회 1991년〕

▷ 야에산 산호초 복원(오키나와현) = 1,500만엔

▷ 얀바루 지역 자연보호(오키나와현) = 1,500만엔

▷ 見沼 논지대 랜드 트러스트(기후현) = 1,000만엔

▷ 페르시아만 야생생물 구제기금(WWF JAPAN) = 1,000만엔

〔제3회 1992년〕

▷ 오케누마 잠자리 보호(시즈오카현) = 500만엔

▷ 너도밤나무 식수(아오모리현) = 400만엔

▷ 釧路濕原 자연 가이드 시스템 (홋카이도)= 2,200만엔

▷ 立山連峰의 고산식물 복원(후쿠야마현) = 900만엔

〔제4회 1993년〕

▷ 釧路濕原 자연 가이드 시스템 (홋카이도)= 2,000만엔

▷ 지부티 사막녹화(지부티공화국) = 1,000만엔

▷ 에코업 雪仙(나가사키현) = 1,200만엔

▷ 야에산 산호 복원(오키나와현) = 800만엔

〔제5회 191994년〕

▷ 屋久섬 자연보전(가고시마현) = 1,800만엔

▷ 天神崎 보호(도쿄) =2,000만엔

▷ 가시연 보호육성(니가타현) = 600만엔

▷ 이즈반도 해중림 보호와 복원 (시즈오카현) =1,200만엔

▷ 小深堀 21(도치기현) = 400만엔

[제6회 1995년]

▷ 屋久섬 자연보전(가고시마현) = 1,000만엔

▷ 白山 검둥수리의 숲(이시가와현) = 1,300만엔

▷ 里山 보호지역 (지바현) = 1,330만엔

▷ 잠자리 왕국(고지현) = 1,170만엔

▷ 이케노히라 의 습지 보호(나가노현) = 1,200만엔

[제7회 1996년]

▷ 얀바루 자연보호(시즈오카현) = 1,300만엔

▷ 大山 정상의 식생 복원(돗도리현) = 2,000만엔

▷ 야츠시로의 학 도래지의 환경복원(야마구찌현) =1,500만엔

▷ 박쥐 번식 시설 (가노현) = 1,200만엔

[제8회 1997년 = 조성 목표액은 6,000만엔. 배분은 1997년 봄에 결정]

▷ 올빼미 숲의 회랑 만들기(홋카이도)

▷ 야생 고양이가 살 수 있는 환경 조성(나가사키현)

▷ 마리모(녹조류)생육환경의 복원

▷ 手賀沼 자연환경재생(지바현)

▷ 五家莊의 너도밤나무 숲 복원(구마모토현)

  암웨이 네이처 센터는 1997년 1월에 일본해에 좌초한 러시아 나호트카
호의 중유유출 사고에 의한 환경오염을 중시, 500만엔의 긴급조성을 결정
했다. 또한 디스트리뷰터들에게도 모금을 했다. 조성금은 일본 조류보호연
맹을 통해서 야생동물 구호 의사협회와 지역의 재해대책본부 등에 전달
했다.

≪문화활동≫

일본 암웨이에서는 1996년 1월부터 2월까지 미국의 오페라 〈포기와 베스〉를 초청해 공연했다.

이것 전에도 ▷ 필라델피아 관현악단(1989년) ▷ 클리브랜드 관현악단(1990년) ▷ 샌프란시스코 관현악단(1992년) ▷ 아메리칸 심포니 오케스트라(1994년) ▷ 뉴욕 필하모닉(1994년) 등 톱 클래스의 오케스트라를 일본에 초청해 각지에서 콘서트를 개최했다.

리처드 존슨 사장 인터뷰

에이다와의 가교

(1996년 11월 29일, 일본 암웨이 본사에서)

두가지 교훈

Q 전달 발표했던 1996 회계 연도의 일본 암웨이의 업적은 대폭적인 수익·이익 증가를 보였습니다.

A 1996년도는 확실히 기록적인 해였습니다. 매출액은 17년 연속 수익증가를 나타냈고 이익도 과거 최고입니다. 갱신 디스트리뷰터수는 암웨이 사상 처음으로 100만조를 돌파하여 갱신률 73%로 과거 최고의 기록입니다. 단지 내가 강조하고 싶은 것은 1996년도는 수치 이상으로 중요한 교훈을 배웠다는 것입니다.

Q 말씀해 주십시오.

A 첫 번째는 우리들이 과거 수년간에 걸쳐 토의해 온 타깃 마케팅(TM 대상을 압축한 마케팅)이라는 컨셉트를 실시해 디스트리뷰터의 생산성 향상에 기여한 것입니다. TM이라는 것은 메시지를 검토한 뒤 개개의 시장 구분에 가장 적합하게 조정해서 각각의 디스트리뷰터에게 전달함에 따라서 더욱 효과적인 판매활동을 할 수 있게 한 것입니다.

　장래로 눈을 돌렸을 때 디스트리뷰터 수를 늘리는 것만이 성장하는 것이 아니라 디스트리뷰터가 구입해서 자기사용 또는 판매하는 양 그 자체를 늘리는 것이 성장으로 이어진다고 확신합니다. 그 의미는 TM은 우리들이 이제까지 실시해 온 전략중에서도 최대급의 전략적 주도권이라고 해도 좋겠지요.

Q 체질이 현격히 강화되었다는 것이군요.

A 그렇다고 할 수 있겠지요. 암웨이 비즈니스의 핵심은 우리들의 가족 일원으로 되어있는 백만조 이상의 디스트리뷰터에게 비즈니스 찬스를 제공

하는 것에 있습니다. 이 점을 한층 더 명확히 하기 위해 지금 조직 재편성을 검토중입니다.

현재 일본 암웨이 사원의 10% 정도가 전화로 주문을 받거나 판매현장에서 일대일로 상담에 응하고 있는 형태로 디스트리뷰터와 직접적인 관계를 유지하고 있습니다. 이것을 더욱 효과적인 방법으로 만들기 위해 전사원의 거의 반수에 해당하는 350명 정도를 이 부분에 투입하고자 생각하고 있습니다.

21세기의 비전을 말하는 존슨 사장

이에 따라 TM도 한층 효과적으로 이루어지며 디스트리뷰터의 판매효율도 높아질 것이라고 기대하고 있습니다.

Q 두 번째는 무엇입니까.

A 며칠 전부터 시행된 개정 방문판매법입니다. 우리들은 개정된 방문판매법이 어떻게 적용될지에 주목하고 있습니다. 디스트리뷰터 가운데는 적용에 대해 걱정하는 사람도 있고 디스트리뷰터가 '보수적'으로 되는 것을 걱정합니다. 그렇게 되면 암웨이 비즈니스 전체에도 영향을 끼치게 되기 때문이지요.

매우 다이내믹한 신제품을 준비

Q 이 점과 관련해 1997년도의 1·4분기(1996년 9월~11월)의 업적 전망은 어떻습니까?

A 큰 테두리는 우리들의 예측과 별로 차이는 없습니다. 그러나 정확히 말해 수치에 대해서는 만족하지 않습니다.

Q 1997년중에 이전의 트리플 X라든가 정수기라는 히트 상품에 필적할 대형 신제품이 나올 예정은 있습니까?

A 매우 다이내믹한 신제품 프로그램이 있습니다. 업적에 반영하는 것은 내년 3월 이후 결국 하반기에 들어가기 때문이지요. 현단계에서는 강력한 시리즈가 될 거라고밖에 말씀드릴 수 없습니다.

Q 4개의 카테고리 중 어느 부분에 들어 있습니까?

A 모든 카테고리에 들어있습니다. 몇가지는 홈케어 제품으로 나올 예정입니다만, 이것은 눈에 띄겠지요. 하우스케어 분야에서도 매우 주목받을 제품이 있습니다. 영양보급 식품에 관해서도 마찬가지입니다. 퍼스널케어 분야에서도 훌륭한 제품이 준비되어 있습니다.

대규모의 전략적 제휴

Q 다음으로 21세기를 향한 장기전략을 설명해주십시오?

A 현재 장기전략으로 명확히 내세우고 있는 것은 세가지입니다만, 그 중의 두 가지에 대해서는 이미 설명했습니다. 타깃 마케팅과 디스트리뷰터에 관련된 조직 재편성입니다.

　세 번째는 전략적 제휴입니다. 대규모적인 전략적 제휴를 현재 몇가지 추진하고 있습니다. 암웨이의 독자적인 판매 시스템과 소비자를 겨냥한 제품과 서비스를 취급하는 전세계의 대기업을 연결하는 것입니다. 21세기의 일본 암웨이는 6종류나 7종류 경우에 따라서는 8종류의 다른 카테고리의 사업을 이루어갈지도 모릅니다.

가령 업종이 다르다고 해도 뛰어난 기술력이나 마케팅을 갖고 있는 기업이라면 암웨이와 제휴함으로써 이 풍요로운 일본 시장에 침투할 수 있습니다. 가까운 시일 내에 전략적인 제휴 가운데 적어도 한 가지에 대해서는 발표할 수 있다고 생각합니다.

Q 암웨이의 4개의 카테고리에 관계된 제휴라고 생각해도 됩니까?

A 기본적으로는 그렇습니다. 우리들은 이 4개의 카테고리를 최근에는 '중핵 전략'이라고 부르고 있습니다. 암웨이 비즈니스의 가장 자신있는 분야이기 때문입니다.

이것은 어디까지나 가정을 전제로 말씀드립니다만, 식품업계에 진출하려고 한다면 가령 대메이커 식품회사와의 사이에서 제품 개발과 패키지 개발에 관해서 기존의 업자와 차별화할 수 있는 상품을 개발해야 되겠지요. 그렇게 하면 암웨이의 판매 시스템을 통해서 일본 소비자에게 상품을 제공할 수 있겠지요. 이것에 대해 예스라는 대답을 하면 제휴관계의 시작이 되는 셈입니다.

외국 기업이 일본에서 비즈니스를 전개하려고 생각할 경우 직면하는 문제는 판매 코스트, 광고 코스트, 일본에 지사를 개설하는 코스트 등입니다. 암웨이의 디스트리뷰터 시스템은 이러한 문제를 모두 해결할 수 있는 네트워크를 갖고 있습니다.

Q 에이다의 암웨이 코포레이션에서 제조하지 않는 분야의 제휴가 중심이 되겠군요.

A 그렇습니다. 암웨이 코포레이션이 만들지 않는 제품 카테고리를 갖고 있는 기업이 대상이 됩니다. 전략적 제휴이기 때문에 제휴한 기업과 공동으로 새로운 카테고리 분야의 제품을 개발하는 것도 있고, 제휴기업의 제품을 구입해서 판매하는 것도 있습니다. 제휴 방법은 다양합니다.

목표로 해야 하는 것은 '만족도'

Q 그런데 일본 암웨이의 갱신 디스트리뷰터는 100만조를 넘습니다만, 앞으로도 늘어날 거라고 전망합니까?

A 디스트리뷰터 수의 한계라는 것은 우리들의 능력 결국 어디까지 매력있는 비즈니스 찬스를 만들 수 있는가에 달려 있다고 생각합니다. 암웨이 비즈니스의 매력을 느끼는 일본인이 계속 늘어나는 한 디스트리뷰터 조직도 확대되어 가겠지요. 암웨이 비즈니스에 매력이 없어지면 디스트리뷰터 수의 성장도 멈출 수 밖에 없다. 그러므로 우리들이 매력 있는 비즈니스 찬스를 계속 제공할 수 있을 지 어떨지가 열쇠라고 생각합니다.

Q 많으면 많을수록 좋다라는 생각이 아니군요.

A 수를 늘리는 것만 목표로 하는 것은 적절하지 않다. 목표로 해야 하는 것은 '만족도'라고 생각합니다. 암웨이 비즈니스에 만족하는 사람이 많으면 많을수록 좋은 것이 아닐까요.

Q 이렇게 많이 디스트리뷰터 수가 늘어나면 디스트리뷰터의 교육이나 트레이닝이 문제되지 않습니까?

A 암웨이의 경우 디스트리뷰터 트레이닝은 비즈니스 찬스 그 자체입니다. 나까지마 가오루씨와 같이 40만명의 네트워크를 갖고 있는 사람이든 200명 정도 네트워크의 다이렉트 디스트리뷰터(DD)라고 해도 비즈니스가 성공하는 것은 자신만의 힘이 아니라 자신의 그룹 사람들의 힘에 의한 것입니다. 자신의 네트워크가 커지면 커질수록 타인에게 의지하는 부분이 커지게 됩니다.

따라서 자신의 수입을 늘리기 위해서라도 디스트리뷰터의 리더는 자신들의 네트워크 사람들을 트레이닝시켜야 합니다. 그룹 사람들에게 비즈니스를 할 마음을 생기게 하고 판매 방법을 지도하고 암웨이 제품이나 암웨이 비즈니스의 세일즈 포인트를 이해시키는 것이 중요합니다.

Q 말단 디스트리뷰터중에는 문제를 일으키는 사람도 있는 것같습니다만.

A 확실히 디스트리뷰터 중 일부는 성적을 올리기 위한 지름길이 있다고 생각하는 사람들을 자주 발견합니다. 한 사람 한 사람의 디스트리뷰터가 견실한 비즈니스를 포기하거나 네트워크를 느슨하게 만들면 어쨌든 그 그룹은 무너져 버립니다.

트레이닝에 관해서는 최신의 테크놀로지를 도입해 갈 예정입니다. 가령 전국의 암웨이 거점으로 보내는 정보 발신을 위해 통신위성의 이용을 시험중입니다. 인터넷 이용도 차근차근 추진하고 있습니다만, 인터넷을 사용한 쌍방향의 트레이닝 환경을 만드는 것에 대해서도 검토중입니다. 기관지인 〈아마그램〉(월간)에도 트레이닝 관련 기사를 늘릴 생각입니다.

보다 이해를 돕기 위해 가교역할

Q 존슨씨가 금년 여름 암웨이의 본거지인 미국 미시건주 에이다로 이주했습니다만, 암웨이 코포레이션의 톱과는 일본에 대해서 어떤 이야기를 했습니까?

A 딕이나 스티브와는 주에 한 번은 만납니다. 정책위원회에는 일본이 의제로 올라 있을 때만 참석합니다. 에이다에서는 시니어 매니지먼트 팀(간부 경영팀)이라는 소수 인원의 맴버입니다.

내가 에이다로 이주한 첫 번째 목적은 '가교'를 놓기 위한 것입니다. 암웨이 코포레이션과 일본 암웨이 사이에 탄탄한 이해관계를 구축하기 위한 가교가 되는 것입니다. 일본 암웨이는 7, 8년 전까지는 암웨이 코포레이션의 비교적 작은 일본 지부에 불과했습니다. 현재는 주식도 장외시장에 공개하고 대단히 큰 회사로 성장했습니다. 지금은 북미보다도 커져 세계 최대입니다. 이러한 점을 암웨이 코포레이션의 사람들에게 이해시키는 것이 나의 역할이라고 생각합니다.

Q 아직 이해가 불충분합니까?

A 지금 말씀드린 변화의 의미를 잘 이해하지 못하고 있습니다. 일본 암웨이에서 어느 정도의 '일'을 하고 있는지 모르고 있습니다. 나는 그것을 알

게 하기 위한 창구가 된 것입니다.

일본 암웨이는 기본적으로는 일본인 스텝과 일본인 디스트리뷰터에 의한 일본 기업입니다.

나는 그들이 암웨이의 전통이나 창조지에 눈을 돌리게 하기 위한 창구도 될 작정입니다. 나는 에이다와 일본 암웨이의 쌍방향 창구가 되고자 합니다.

개인적인 일을 덧붙여 말씀드리면 1997년 3월에 장남의 손자가 태어날 예정이고 그 의미로도 미국에 돌아온 것이 매우 기쁩니다. 또한 차남은 뉴욕에서 연극배우로 활동하고 있습니다만, 지금 세익스피어 극단과 함께 미국 전지역을 돌며 순회공연중입니다. 차남이 프로로서는 처음 무대이기 때문에 미국에 머무르면서 보러 가고 싶습니다.

나가노 올림픽은 암웨이 비즈니스의 최고무대

Q 그러면 당분간은 도쿄과 에이다를 왕래하시겠군요.

A 그럴 예정입니다. 1998년 2월이나 3월에는 도쿄에 돌아가 쭉 거기에 머물고 싶습니다. 처 마샤와 나는 무려 25년 동안이나 아시아에 살았기 때문에 우리들에게는 미국은 지금 '이국'이라는 느낌이 듭니다. 1998년에는 우리들이 지원하고 있는 나가노 올림픽도 개최됩니다.

Q 일본 암웨이는 나가노 올림픽의 스폰서입니다만, 목적은?

A 우리들은 나가노 올림픽에 매우 큰 기대를 갖고 있습니다. 암웨이라는 기업은 아직 많은 사람들이 충분히 이해하지 못하고 있습니다. 그러므로 암웨이의 훌륭함이라든가 암웨이의 기업이념 등을 알릴수 있는 절호의 찬스라고 생각합니다.

또한 1998년의 동계올림픽이 나가노로 결정되었을 때 일본에 뭔가 보답할 수 있는 절호의 기회라고 생각했습니다.

일본 암웨이는 우량기업으로서 충분한 이익을 얻어 왔기 때문에 그동안 뭔가 사회에 보답하고 싶었습니다. 솔직히 말해 이러한 눈에 띄는 방법으

로 어필하고 싶었던 것입니다

Q 기업의 이미지 향상에는 최고의 무대이군요.
A 많은 사람들이 암웨이는 미국기업이라고 보고 있습니다. 그러나 일본 암웨이는 디스트리뷰터를 보더라도 이익을 얻고 있는 장소를 보더라도 도요타, 기린, 세이코 등과 같이 일본 기업입니다.
　나가노 올림픽의 스폰서가 된 것은 일본 암웨이가 일본 사회의 일원이며, 일본이 자랑으로 여기는 것은 일본 암웨이에게도 자랑거리가 된다는 것을 나타낼 수 있는 찬스라고 생각합니다. 나가노 올림픽은 암웨이 비즈니스를 최고로 표현하는 것이라고 할 수 있겠지요.

상장 예정은?

Q 일본 암웨이는 현재 장외시장에 공개되어 있습니다만, 상장예정은 있습니까?
A 우리만의 생각으로 상장한다면 지금이라도 바로 상장합니다. 일본 암웨이는 상장 자격이 있는 기업이라고 생각합니다. 시가 총액, 발행주식 수, 기업 규모 등 어느것이든 상장 기준을 충족시키고 있습니다. 단 아시는 바와 같이 일본에는 공장에 대해 많은 규제가 있습니다.

Q 현재 장외공개하고 있는 주식은 17%입니다만, 상장하기 위해서는 대략 30%의 주식을 공개해야 합니다. 이 점이 장애가 되는 것은 아닌지요.
A 그 점은 큰 문제가 되지 않습니다. 현 시점에서 자세한 것을 말씀드릴 순 없습니다만, 여하튼 공장을 만들 수 있는 날이 오길 기대합니다.

Q 마지막으로 당신은 한국 암웨이의 메니징 디렉터도 겸하고 있기 때문에 한국 암웨이의 업적 전망에 대해서도 듣고 싶습니다.
A 한국 암웨이는 암웨이 코포레이션 직속의 비공개 기업입니다. 따라서 이야기할 수 있는 것은 제한되어 있습니다.

한국에서의 사업 전개는 매우 잘 되어가고 있습니다. 전세계의 암웨이 가운데서 사업 규모는 현재 일본, 북미에 이어서 3번째입니다. 사업을 개시한 지 5년밖에 안 되었습니다. 역시 매력적인 비즈니스 찬스를 제공하는 암웨이 비즈니스의 이념이 많은 한국인들의 수요에 응하고 있기 때문이라고 생각합니다.

특히 한국의 경우 여성의 직장 진출이 일본 여성의 20년에서 25년 전 수준이기 때문에 암웨이 비즈니스는 한국 여성에게 새로운 매력적인 일이 되고 있는 것입니다.

●●●

리처드 존슨 1942년 7월 5일 미국 뉴저지주에서 탄생. 1964년에 팬실베이니아 대학 경제학부를 졸업 후 1966년에 하버드 대학에서 경영관리학 석사(MBA)를 취득. 같은 해 도일 덴 밴바하사(社)에 입사하여 영업을 담당했다.

1969년에 캐나다 드라이사로 옮겨 그룹 프로덕트 매니저, 신제품 담당 디렉터 등을 역임. 1972년에 펩시코 인터내셔널에 입사하여 필리핀 담당 마케팅 디렉터, 동아시아 지역 매니저 등을 거쳐 1978년에 RJ 레이놀즈 담배사(社)의 홍콩 총지배인으로 취임했다.

조셉 시그램 & 샌즈사 국제부문 부사장(1985년), 터퍼웨어 퍼시픽사장(86년)을 거쳐 1990년 6월에 암웨이 코포레이션으로 옮겨와 독일 암웨이 총지배인. 1991년 11월 이후 일본 암웨이 사장. 현재 일본방문판매협회 이사, 방문판매협회 세계연맹 회장. 부인 마샤와 두 아들이 그의 가족이다.

이 책을 펴내면서 ―

"3년간에 걸친 암웨이 코포레이션의 취재성과를 한 권의 책으로 정리해보면 어떨까."라는 생각을 갖게 된 것은 작년 6월 3번째 암웨이 특집호 취재를 위해 미국 미시건주 에이다의 암웨이 코포레이션을 방문하기 직전의 일이다.

디스트리뷰터에 의한 다이렉트 셀링(무점포 직접판매)에 의해 일본에서도 급성장하고 있는 암웨이 비즈니스에 대해서는 이미 다수의 책이 출판되어 있다. 그 가운데는 극단적으로 비판하는 책도 있다. 어떤 자세로 쓸까.

사내에서도 몇번이나 검토한 결과 "암웨이 코포레이션은 첨단적인 연구개발(R&D) 체제와 제조 부문을 갖춘 소위 상품을 만드는 메이커이다. 그러한 시점에 입각하면서 신문기자의 눈으로 본 암웨이의 모습을 그대로 쓰자."는 결론을 내렸다. 책 타이틀도 자연스럽게 결정되었다.

본서의 구성은 일본 공업신문사가 1994년 11월 21일, 1995년 10월 16일, 1996년 9월 2일 3번에 걸쳐 게재한 암웨이 특집을 토대로 저자의 견해를 가미해 새로 쓴 것이다.

제2장 '디스트리뷰터' 가운데 나까지마 가오루씨와의 인터뷰, 제8장 '계속 약진하는 일본 암웨이'의 업무 부분과 리처드 존슨 일본 암웨이 사장과의 인터뷰 등은 본서 집필을 위해 취재했다. 암웨이의 중국전략의 총지휘자인 에버 챈씨와의 인터뷰, 광둥시에 있는 중국 암웨이 본사와 제조공장의 르포(제6장)도 현지에 직접 찾아가 새로 취재한 것이다.

본지의 암웨이 특집 중 1994년 11월에 대해서는 北村文昭 편집국 차장(당시), 竹內征二 사진부장(당시) 3명이 한팀이 되어 취재했다.

제4장 'R&D와 통신 네트워크'의 대부분과 제5장 '영양보급품 뉴트리라이트'의 일부는 北村씨가 특집용으로 집필한 것으로 거의 그대로 옮겨 실었다. 본서에서 사용한 사진의 대부분은 竹內씨가 촬영한 것이고 일부는 암웨이에서 제공한 사진이다.

일본의 유통·소매업계는 규제완화를 부르짖는 가운데 전국(戰國)시대의 양상을 띠고 있다. 본서의 제7장에서도 다루었듯이 작년 11월의 개정 방문판매법의 시행에 따라 통신·방문판매업도 꼼짝없이 약육강식의 경쟁시대로 돌입했다. 이와 같이 치열한 경쟁속 에서 미국에서 탄생한 암웨이 비즈니스의 성장은 앞으로도 계속될 것인가. 일본 암웨이 비즈니스가 건전하게 발전하길 바란다. 암웨이 비즈니스에 종사하는 백만조를 넘는 갱신 디스트리뷰터 여러분과 암웨이에 관심을 갖는 독자에게 참고가 되면 다행이다.

본서가 출판된 것은 많은 분들의 격려와 협력이 있었기 때문이다. 일본 암웨이 광보부의 岩城亭子부장, 松山和久, 官之原博之씨등에게는 인터뷰 절차나 사실관계 조회 등 많이 협조해주었다.

또한 본서의 편집에 대해서 일본 포럼사의 龜田浩治씨와 足立利弘씨가 적지않게 배려해주었다. 이제까지 이 책을 펴내기 위해 협력해주신 모든 분께 감사의 말을 전하고 싶다.

1997년 2월
요시다 오키츠구(吉田 興亞)